# CONSERVES BOCAUX ET CONFITURES DE NOS GRAND-MÈRES

**Nicole Thépaut**
Plus connue sous son nom de restauratrice « Dame Nicole », Nicole Thépaut a tenu pendant vingt-cinq ans deux restaurants prestigieux de Rennes : *L'Escu de Runfao* (1 étoile au Guide Michelin) et le *Ti-Coz*, un lieu réputé dans toute l'Europe et situé dans une maison du XVIe siècle, au cœur de la vieille ville.

NICOLE THÉPAUT
*« Dame Nicole »*

# CONSERVES BOCAUX ET CONFITURES DE NOS GRAND-MÈRES

Editions OUEST-FRANCE

# PRÉFACE

« Rien ne se perd, rien ne se crée, tout se transforme. » Lavoisier, qui néanmoins perdit la tête, avait bien raison et Dame Nicole, la rebondissante Nicole Thépaut, nous le prouve dans son savoureux et agréable ouvrage.

De la nature, elle arrive à tirer de la joie et ses conserves illumineront notre année car la joie est, chez elle, une sorte de bombe à retardement. Elle a l'art de déclencher une belle et bonne mécanique à trois temps : la cueillette, la fabrication et la dégustation.

Son secret, c'est d'avoir su dominer le calendrier : ses conserves ont été tributaires des saisons pour la cueillette et la fabrication mais elle a su s'en affranchir pour le moment de la dégustation.

Grâce à elle et à Nicolas Appert, nous pouvons goûter à nos produits locaux en toute saison sans faire venir de lointains pays et à contre-saison des fruits ou des légumes qui auraient été mieux chez eux.

Nicole, avec tous ses bocaux, a créé une bibliothèque des goûts et des couleurs en même temps qu'une mine de cadeaux : le plaisir d'offrir, de donner, c'est celui de la cuisinière, et Nicole l'a pratiqué avec art et assiduité à l'Escu de Runfao comme au Ti-Coz.

Ceux qui liront ce livre auront le plaisir d'imaginer avant de goûter mais ce n'est pas là le vrai plaisir.

Bonne lecture et bon appétit.

André Daguin

# AVANT-PROPOS

La mise en conserve, dans des bocaux, de certains aliments n'est pas nouvelle.
Depuis l'Antiquité, les hommes et les femmes ont toujours cherché à conserver leurs fruits et légumes du jardin.
Au fil de ces pages, je vous propose plusieurs méthodes, afin de vous encourager à vous faire plaisir tout d'abord et, comme le plaisir se partage, j'espère vous transmettre le bonheur que j'ai eu à écrire ce livre.

Choisir de bons fruits, de bons légumes, c'est le secret pour réussir une recette.

Cet ouvrage vous permet de découvrir ou de retrouver, semaine après semaine, les produits à cuisiner, à travers des recettes mais également avec les rubriques suivantes :

**Les saisons :** Il est essentiel de s'en remettre aux saisons, à commencer par les fruits et légumes cueillis dans votre jardin, glanés en balade ou achetés au bon moment, quand la nature donne ! Après, il ne reste plus qu'à prendre son temps et à faire les choses avec amour et passion, en mettant du soleil dans le bocal !

**L'astuce de Dame Nicole :** Il s'agit du petit plus, pour réaliser les recettes, dû à ma profession, mes maîtres, mes grand-mères et tantes… qui m'ont transmis le goût et l'envie de faire les choses le mieux possible.

**Histoire :** L'origine ancienne, anecdotique et légendaire des produits, qui fait voyager dans le temps pour surprendre, apprendre, enchanter et rêver !

**Les bienfaits :** Je dirais plutôt les nombreux remèdes que Dame Nature nous offre au quotidien. Observons-les !

**Tradition :** Sans rites, sans traditions, nos racines seraient éteintes, nos souvenirs se disperseraient parmi les étoiles et, surtout, nous perdrions le bonheur de fêter ceux qu'on aime. Alors, vite aux fourneaux pour raviver la flamme des souvenirs d'antan – préparations qui embaument la maisonnée, parfums, saveurs, tendresse auprès d'une grand-mère chérie !

**Origine :** Ce mot m'évoque un bateau dans lequel l'idée navigue. La gastronomie est une grande voyageuse.
Elle nous transporte à travers les siècles, dans des contrées nouvelles, au fil du temps. Elle nous fait découvrir des fruits, des légumes, des us et coutumes, des mets, des écrivains, des philosophes.
Et excite notre curiosité, enjolive notre imaginaire et donne à apprendre… encore.
« De petites occasions sont souvent à l'origine de grandes entreprises. » Démosthène ($4^{e}$ s. av. J.-C.)

**Citation ou dicton :** Pour le bonheur d'apprendre beaucoup de choses et parfois pour nous
faire découvrir, méditer, rêver, sourire, et rire ! C'est si bon la vie !
« Dans tout l'univers ne reste immuable que l'esprit. » Anton Tchekhov (1860-1904)

**Choisir :** Je vous livre mes meilleurs conseils pour sélectionner des produits du terroir, de saison et de qualité.

**Le saviez-vous ?** Des légendes, des histoires, des petits plus qui vous feront rêver… et voyager dans le temps.

# LA CAROTTE, CETTE DISCRÈTE AMIE

« A-t-on vu un lapin porter des lunettes ?
Non, parce qu'il mange des carottes. »

La carotte est source de vitamines A, C, B6, B1, B2, K, et aussi de potassium et de fer. Elle favorise la croissance des os et des dents, maintient une bonne vision, accélère la cicatrisation. Elle joue sur l'influx nerveux.

## Confiture de carottes au citron vanillé

1,2 kg de carottes
700 g de sucre
1/3 de gousse de vanille
le jus d'un citron

- Éplucher les carottes, enlever les fanes.
- Râper les carottes avec une grille fine.
- Dans un faitout, verser 45 cl d'eau et ajouter les carottes.
- Porter à ébullition, maintenir la cuisson à feu doux pendant 20 min.
- Remuer de temps en temps. Il ne doit plus rester d'eau. Surveiller.
- Ajouter le sucre en pluie, la gousse de vanille fendue en deux, le jus de citron et porter à ébullition en remuant doucement.
- Écumer et maintenir la cuisson en remuant.
- Retirer la gousse de vanille.
- Porter de nouveau à ébullition.
- Vérifier la consistance de la confiture.
- Mettre immédiatement en pots.
- Ébouillanter les pots.
- Fermer hermétiquement.
- Retourner les bocaux.

# Carottes au cumin safrané

1 kg de carottes
2 cuillerées à café de cumin
noix de muscade râpée
12 pistils de safran
1 cuillerée à soupe de sucre
9 pincées de sel

- Brosser les carottes sous un filet d'eau froide, les essuyer, les éplucher.
- Dans une casserole, verser 75 cl d'eau. Ajouter les carottes et deux pincées de sel. Porter à ébullition.
- Cuire à petits bouillons pendant 15 min. Les carottes doivent être tendres.
- Les égoutter.
- Répartir les carottes dans les bocaux. Ajouter le cumin.
- Faire chauffer 55 cl d'eau dans une casserole. Ajouter le reste du sel, la noix de muscade, le safran, le sucre. Porter à ébullition puis retirer du feu.
- Verser cette préparation sur les carottes. Fermer les bocaux hermétiquement et les déposer dans une marmite remplie d'eau. Faire stériliser 1 h à 100 °C. Mettre un linge entre les bocaux.
- Laisser refroidir dans la marmite.
- Ranger les bocaux dans un endroit frais.

Utilisez des graines de carotte sauvage après la floraison (en octobre), pour parfumer un sirop ou sur des sauces à base de poire. La carotte sauvage rappelle l'odeur de la poire williams.
Les jeunes pousses s'accommodent à une soupe de carotte et offrent un contraste d'arômes étonnants.
Les racines peuvent se consommer crues ou cuites comme les carottes cultivées.
Ajoutez les fleurs de carottes à vos farces de volaille.

# L'ANANAS, L'EXOTISME EN AIGRE-DOUX

**Le saviez-vous ?**

Les officiers de la Compagnie des Indes orientales, de retour dans leur mère patrie le Royaume-Uni, introduisirent le *chatni*, mot signifiant « épices fortes » en hindoustani et anglicisé en *chutney*.

## Chutney d'ananas aux raisins secs

1 gros ananas ou 2 petits
100 g de raisins secs
1 verre de rhum ou de cidre
1 cuillerée de baies de piment de la Jamaïque broyées
3 ou 4 abricots secs
30 cl de vinaigre de vin ou de cidre
20 g de sucre brun clair
2 clous de girofle
2 bâtons de cannelle

- Faire tremper les raisins secs et les abricots secs hachés grossièrement dans du cidre ou du rhum.
- Couper l'ananas en huit quartiers pour retirer plus facilement l'écorce, les yeux et la partie centrale fibreuse. Détailler la pulpe en morceaux.
- Dans une marmite, ajouter l'ananas, les abricots, les raisins, les baies de piment, le vinaigre, le sucre et les épices.
- Faire chauffer à feu doux pendant 30 min en mélangeant de temps en temps.
- Surveiller.
- Découvrir la marmite et laisser cuire à feu doux 20 à 30 min. Bien remuer.
- Lorsque les fruits sont devenus translucides et que le mélange a pris une consistance épaisse, retirer du feu.
- Mettre immédiatement en pots et fermer hermétiquement.
- Retourner les pots sur un linge et laisser reposer 24 h.

*Au Congo, cette recette sert de base pour fabriquer une bière locale.*

L'ananas provient d'Amérique du Sud et des Caraïbes. Le terme ananas signifie « parfum des parfums ». Christophe Colomb découvrit ce fruit en Guadeloupe en 1493. La tranche d'ananas était le symbole de bienvenue pour les navigateurs afin qu'ils se désaltèrent. Les Guadeloupéens se plaisaient aussi à en accrocher à l'entrée de leurs huttes, en signe d'hospitalité.

# Chutney au potiron et à l'ananas

250 g de potiron
1 ananas
50 g de raisins secs de Smyrne
1 verre de cidre
1 oignon rouge
3 gousses d'ail
1 ou 2 pommes
1 orange non traitée
125 cl de vinaigre de cidre
150 g de sucre roux
1 cuillerée à café de curry
un peu de noix de muscade

- Faire macérer les raisins secs dans du cidre.
- Éplucher le potiron, gratter les filaments, couper en cubes.
- Faire cuire le potiron avec 20 cl d'eau. Couvrir pendant 5 min environ.
- Couper la tête de l'ananas. Éplucher et enlever les yeux. Éliminer le centre et couper en petits morceaux.
- Peler l'oignon et l'émincer. Peler l'ail et l'écraser.
- Couper les pommes en quartiers. Les éplucher et ôter le cœur. Couper la chair en petits morceaux.
- Laver et sécher l'orange. Prélever le zeste avec un couteau économe et le couper en fines lamelles. Presser l'orange.
- Dans une cocotte-minute, verser tous les ingrédients excepté le cidre. Mélanger et laisser cuire pendant 20 à 30 min. La préparation doit s'épaissir.
- Mettre en pots immédiatement et fermer hermétiquement.

# PLEUROTES ET CHÈVRES À L'HUILE

Il existe près de 40 espèces de pleurotes. Le pleurote croît sur les bois morts ou sur la paille. Sa chair est blanche et croquante ; sa saveur est douce et parfumée.

## Pleurotes à l'huile

1 kg de pleurotes
50 cl de vinaigre de vin blanc
1 cuillerée à café de sel
4 gousses d'ail
2 feuilles de laurier
2 brins de thym
2 clous de girofle
1 cuillerée à café de poivre blanc en grains
noix de muscade en poudre
75 cl d'huile d'olive

- Nettoyer les champignons de leurs parties terreuses. Éviter de les rincer. Les laisser entiers.
- Dans une casserole inoxydable, porter le vinaigre à ébullition. Ajouter les champignons. Laisser frémir pendant 5 min.
- Égoutter les pleurotes et les laisser refroidir.
- Les essuyer un par un avec du papier absorbant et les saupoudrer de sel.
- Les répartir dans deux bocaux préalablement ébouillantés et séchés.
- Ajouter dans chaque bocal deux gousses d'ail non pelées, une feuille de laurier, un brin de thym, un clou de girofle, quelques grains de poivre et une pincée de noix de muscade.
- Couvrir d'huile d'olive.
- Fermer les bocaux hermétiquement.
- Laisser macérer à l'abri de la lumière dans un endroit frais.

**Le saviez-vous ?**

Le champignon est un parfait éboueur : il se nourrit des matières organiques qui se trouvent dans le sol par l'intermédiaire du mycélium et contribue à la formation de l'humus dont bénéficie l'arbre au pied duquel il se développe.
Sa croissance dépend de la chaleur, de l'humidité, de la lumière et curieusement, pour les cèpes et les bolets notamment, du choc thermique provoqué par une différence importante de température entre la nuit et le jour.

### Le saviez-vous ?

- Le mot « boucherie » serait dérivé de « bouc », le mâle de la chèvre.
- Le fromage de chèvre est le plus ancien de tous les fromages.
- En 1892, le petit chèvre du Sancerrois prend le nom de « crottin de Chavignol ».

Le fromage de chèvre réensemence la flore intestinale.

## Petits chèvres marinés à l'huile

**Pour un bocal de 1 l**
**15 min de préparation**
**1 mois à l'avance**

- 8 petits fromages de chèvre très secs (picodon ou pélardon)
- thym en branche
- fenouil frais
- laurier
- baies de genièvre
- 1 piment rouge
- 75 cl d'huile d'olive

- Dans le fond d'un bocal en verre à large ouverture, placer les fromages en intercalant une branche de thym et une branche de fenouil frais en tronçons.
- Glisser le long des parois 3 feuilles de laurier.
- Ajouter une cuillerée à soupe de baies de genièvre et un piment rouge coupé en deux.
- Verser l'huile d'olive et boucher le bocal.
- Laisser mariner au minimum 1 mois au frais dans un endroit à l'ombre.
- Le bocal se conserve 7 à 8 mois.

*Cette recette contient, pour 100 g, 205 kcal, avec protéines, glucides, lipides, calcium et vitamines A, D, B1, B2, PP.*

# LA CONSERVATION PAR STÉRILISATION

## Le cardon, un légume du Moyen Âge

Les cardons sont servis traditionnellement dans le midi de la France pour le repas de Noël.

Les cardons sont riches en sels minéraux.

**Le saviez-vous ?**

Le cardon fut exporté vers 1685 en Suisse par les protestants français qui fuyaient l'édit de Nantes.

### Cardons au coulis de tomate

4 cardons
2 citrons
1,5 l de coulis de tomates
1 bouquet garni
sel, poivre

- Faire un coulis de tomates.
- Supprimer les branches extérieures dures des pieds des cardons. Séparer les branches tendres et les diviser en tronçons de 4 à 5 cm. Retirer les fils et frotter chaque tronçon avec une moitié de citron.
- Porter à ébullition l'eau salée dans une marmite avec le jus d'un citron.
- Ajouter les cardons. Faire cuire 15 min. Retirer du feu.
- Verser le coulis de tomates dans un faitout, ajouter le bouquet garni, saler, poivrer et porter à ébullition. Laisser cuire à petits frémissements 10 min.
- Ôter le bouquet garni.
- Égoutter les cardons et les mélanger au coulis de tomates. Poursuivre la cuisson à petits frémissements et à couvert pendant 30 min.
- Mettre les cardons dans les bocaux et les remplir jusqu'à 2 cm du bord.
- Boucher hermétiquement.
- Mettre les bocaux dans un grand faitout, verser de l'eau au ras des bocaux.
- Porter à ébullition et laisser stériliser 1 h.
- Laisser refroidir les bocaux dans l'eau.

# Le pot-au-feu, la tradition par excellence !

SEMAINE 4

« Tu nous feras du bouillon de volaille, les fermier ne t'en laisseront pas chômer. Mais je vais dire à Cornoiller de me tuer des corbeaux. Ce gibier-là donne le meilleur bouillon de la terre. »
Honoré de Balzac, *Eugénie Grandet*, 1833

## Soupe de pot-au-feu de « Mémé Suzanne »

**Pour 1 bocal**
1,5 kg de bœuf (plates, côtes, paleron, gîte à la noix, tranche)
1 os à moelle
¼ de céleri boule
¼ de rutabaga
3 navets
2 tomates
1 poireau
1 tranche de céleri
3 oignons
clous de girofle
1 gousse d'ail
1 bouquet garni (persil, laurier, thym)
gros sel, poivre

- Dans un grand faitout, déposer la viande et l'os à moelle. Recouvrir de 4 l d'eau fraîche.
- Ajouter une cuillerée à soupe de gros sel, poivrer et faire cuire à frémissements (ne pas laisser bouillir).
- Écumer afin d'obtenir un bouillon clair.
- Laver et éplucher les légumes. Les couper en morceaux, piquer de clous de girofle.
- Lorsque l'écume est complètement enlevée, ajouter les légumes, l'ail et le bouquet garni.
- Laisser frémir doucement pendant 3 h 30 à couvert.
- Filtrer le bouillon puis rectifier l'assaisonnement si nécessaire.
- Disposer les morceaux de viande et les légumes dans un bocal.
- Verser le bouillon encore chaud jusqu'à 2 cm du bord.
- Fermer le bocal hermétiquement et stériliser dans une bassine remplie d'eau bouillante pendant 30 min à 100 °C.

**L'astuce de Dame Nicole :** Pour colorer davantage votre bouillon, plongez un oignon entier rôti et non épluché. Vous pouvez ajouter un panais, un légume ancien méconnu. (Le panais n'a pas à être pelé, sauf s'il est ciré.)

# LES PRUNEAUX, L'OR NOIR D'AQUITAINE

**Le saviez-vous ?**

Merveilleux à cuisiner, le pruneau s'adapte tout aussi bien aux recettes traditionnelles ou de terroir qu'aux tendances modernes alliant équilibre alimentaire et gourmandise.

C'est le grignotage malin pour les petits creux pendant les activités sportives : vitamines A, B9 et C, minéraux et oligoéléments, sodium, calcium, phosphore, fer, magnésium, potassium, bore.

## Pruneaux à l'armagnac

600 g de pruneaux d'Agen
1 gousse de vanille fendue en deux
1 l de thé Earl Grey
14 morceaux de sucre
50 cl d'armagnac

- Mettre les pruneaux dans un saladier avec la gousse de vanille et verser dessus 1 l de thé fort. Laisser reposer une nuit.
- Laver et ébouillanter les bocaux. Les sécher.
- Mettre les pruneaux dans le bocal.
- Faire bouillir, pendant 4 à 5 min, 15 cl d'eau avec le sucre.
- Verser ce sirop sur les pruneaux. Couvrir avec l'armagnac.
- Fermer les bocaux hermétiquement.

« Il m'ordonne du potage. [...]
Et le soir de petits pruneaux pour lâcher le ventre. »
Molière, *Le Malade imaginaire*, 1674

Le pruneau contient des fibres, des lipides, des glucides, du sorbitol (glucide plutôt rare dans le monde végétal). Il a des fonctions stimulantes sur le fonctionnement de la vésicule biliaire et sur les intestins.
Le potassium, associé à un taux faible de sodium, joue un rôle bénéfique dans la santé cardio-vasculaire.

# Marmelade de pruneaux au thé

- 2 kg de pruneaux d'Ente
- 1 l de thé Earl Grey
- 1 cuillerée à soupe de rhum
- 1 citron
- 600 g de sucre cristallisé
- 1 gousse de vanille fendue en deux
- 1 pincée de cannelle

- La veille, faire tremper les pruneaux avec un thé bien fort et le rhum toute la nuit.
- Le jour même, mettre les pruneaux dans une casserole. Ajouter le jus de citron et faire cuire à petits frémissements 15 min environ.
- Laisser bien refroidir. Égoutter les pruneaux et les dénoyauter en les coupant en deux. À l'aide d'un moulin à légumes à grille fine ou d'un mixeur, récupérer la pulpe.
- Peser et préparer le sucre. Mettre le sucre dans la bassine à confitures avec 13 cl d'eau et faire chauffer doucement afin qu'il fonde. Porter à ébullition.
- Écumer en laissant cuire doucement afin d'atteindre le petit perlé ou avec le thermomètre à sucre (110 °C).
- Ajouter la purée de pruneaux et faire cuire sur feu doux 15 min environ. Tout en remuant, ajouter la gousse de vanille fendue en deux et la cannelle. Le mélange doit épaissir.
- Vérifier la cuisson en mettant un peu de marmelade sur l'assiette ; si elle se fige, retirer du feu.
- Verser dans des pots ébouillantés et bien séchés.
- Retourner les pots sur un linge.

**L'astuce de Dame Nicole :**

Vous pouvez mettre un verre de cidre lorsque vous faites tremper vos pruneaux. Vous pouvez aussi ajouter des kumquats coupés longitudinalement et épépinés dans la cuisson de la marmelade. C'est extra !

# PIQUANTES PÂTES CONDIMENTAIRES

**Le saviez-vous ?**

Déjà au temps du roi Salomon, les Phéniciens, par la mer d'Oman, venaient jusqu'en Inde. Par d'autres routes, les Grecs, les Romains, les Chinois venaient aussi chercher des épices qui pouvaient se revendre à prix d'or.

## Pâte de curry rouge

- 2 gros oignons rouges
- 2 poivrons rouges égrenés en quartiers
- 5 piments rouges modérément forts ouverts en deux
- 100 g de gingembre coupé en fines tranches
- 50 g de galanga frais en fines tranches
- 20 gousses d'ail en quartiers
- 70 g de concentré de tomates
- huile de friture
- ½ cuillerée à soupe de sel

- Faire chauffer l'huile à 160 °C (th. 5).
- Faire frire les oignons 10 à 15 min en remuant un peu afin qu'ils soient colorés et flétris. Les égoutter sur du papier absorbant.
- Faire frire les poivrons 7 à 8 min, les essuyer.
- Faire frire les piments 4 min pour qu'ils colorent et flétrissent, puis le gingembre et le galanga 5 min.
- Terminer par l'ail, dont la cuisson est très brève.
- Égoutter tous ces ingrédients et les réduire en pâte fine à l'aide d'un mixeur.
- Ajouter le concentré de tomates et mixer le tout.
- Mettre dans le bocal, le couvrir de papier sulfurisé. Laisser refroidir. Visser hermétiquement.

Au 16e siècle, la suprématie portugaise en Inde est détrônée par les Néerlandais, puis par les Français, qui se disputent la domination du pays avec les Britanniques. La Grande-Bretagne finira par s'imposer. Aujourd'hui, l'Inde est membre du Commonwealth, ce qui explique pourquoi les meilleures épices indiennes actuellement sur le marché européen sont conditionnées en Angleterre.

### Ne pas manquer

Aller à Cancale, par la mer ou la terre, dans la boutique des épices et le fameux et enchanteur restaurant d'Olivier Roellinger. Émerveillement garanti !

Le mot curry (ou *kari*) désigne une épice d'origine très répandue dans la cuisine indienne. Il vient de *tamol kari*, qui signifie « ragoût » « plat mijoté », et a été popularisé par les colons britanniques.

## Harissa maison

470 g de piments rouges forts (pas de piments oiseaux)
1 cuillerée à soupe de poivre de Cayenne
1 cuillerée à café de carvi
1 cuillerée à café de cumin
5 gousses d'ail
huile d'olive
sel

- Bien laver les piments. Les égrainer et les équeuter. Les cuire à la vapeur dans une cocotte-minute avec l'ail.
- Une fois le mélange bien cuit et ramolli, laisser égoutter pendant 1 h. Passer au mixeur en ajoutant le carvi, le cumin, le poivre de Cayenne et le sel.
- Laisser refroidir, mettre dans des bocaux lavés et bouillis. Bien sécher.
- Couvrir d'huile d'olive. Mettre au frais à l'ombre. Cette recette se conserve pendant des mois.

**L'astuce de Dame Nicole** : Vous pouvez aussi ajouter des betteraves cuites mixées, qui donneront une couleur toréador à la préparation.

# VINAIGRE ET THYM EN REMÈDE

« Regardez les abeilles sur le thym, elles y trouvent un suc fort amer, mais, en le suçant, elles le convertissent en miel. »
Saint François de Sales (1567-1622)

**Le saviez-vous ?**

Le vinaigre calme les douleurs rhumatismales. Les mères de vinaigre trouvent une utilité comme emplâtres sur les foulures, les entorses ou les brûlures. Le vinaigre de cidre soigne l'asthme, stimule les nerfs, excite l'appétit et lutte contre la dépression. C'est un excellent désinfectant.
On peut remplacer le dentifrice habituel par du thym sec pulvérisé dont on imprègne la brosse.

## Vinaigre de thym « Joachim Domenech »

- 1 l de vinaigre de vin blanc
- 5 brindilles de thym frais attachées
- 1 brin d'origan
- 2 gousses d'ail pilées non épluchées
- 1 cuillerée à café de poivre noir en grains
- un peu de noix de muscade râpée
- 1/2 clou de girofle

- Porter rapidement à ébullition 1 l de vinaigre de vin blanc et laisser frémir pendant 30 s. Retirer du feu.
- Déposer dans un bocal ou une bouteille tous les condiments et épices cités.
- Verser le vinaigre encore chaud, puis fermer hermétiquement.
- Laisser macérer au minimum 3 semaines en remuant de temps en temps pour mêler les arômes.
- Mettre dans un endroit frais, à l'abri de la lumière.

« Thymus » provient du mot grec *thumon* qui signifie « offrande (que l'on brûle) » et « parfum » du fait de l'odeur agréable. Les Grecs en brûlaient devant l'autel de leurs dieux pensant que cette plante était source de courage.

Au 15e siècle, on recommandait de commencer le repas avec du thym, « cette herbe de moult bonne odeur et de très grande douceur », en particulier si l'on manquait d'appétit.

La légende veut que Pâris enlevât la Belle Hélène et que la princesse fût fort triste : à chaque larme qui tombait de ses yeux sur le sol, naissait une touffe de thym. Au Moyen Âge, lors des croisades, les demoiselles brodaient des abeilles voletant près d'une branche de thym sur les écharpes, qu'elles offraient à leur chevalier. Car le thym était synonyme de courage, d'amour durable, d'esprit de créativité, de dynamisme et de résistance physique. J'en bois tous les jours depuis vingt ans. Je résiste !!!

## Remèdes de grand-mère à base de thym

### Sirop contre la coqueluche

- Dissoudre 175 g de miel dans 100 g d'infusion chaude de thym. (Il fortifie le cerveau, ne vous en privez pas !)

### Pour le dos

- Faire une décoction de 500 g de thym et la verser dans votre bain. Pour le dos, rien de meilleur ! Joachim me le conseille, il sait de quoi il parle, c'est le meilleur des kinésithérapeutes !

### Lotion capillaire

- Une lotion capillaire à base de vinaigre de thym est tonique pour les cheveux. Mélanger 100 g de thym et 1 l d'eau, laisser réduire de moitié. Frictionner le cuir chevelu avec cette lotion.

**L'astuce de Dame Nicole** : fabriquez des philtres d'amour à base de marjolaine, de thym, de verveine et d'essence de myrte. Cocktail étonnant ! S'abreuver de thym, c'est l'assurance de faire l'amour sans fin ! Là, je ne résiste pas.

# VINAIGRES AROMATISÉS

## La sauge, l'herbe sacrée !

Les Amérindiens faisaient brûler de la sauge avant une cérémonie, pour purifier l'endroit et chasser les mauvais esprits.

C'est la plante sacrée des anciens. Au Moyen Âge, la sauge était considérée comme le remède à tous les maux.

Les Chinois utilisent la sauge pour parfumer leur thé.
La sauge s'achète fraîche ou séchée.

La sauge est antiseptique, anti-inflammatoire, stimulante, tonique, stomachique, cicatrisante.
Une infusion de sauge évite les lourdeurs d'estomac.
La décoction de sauge est très efficace contre les maux de gorge, la bronchite et l'angine.

### Vinaigre doux à la sauge

1 l de vinaigre de vin doux
16 g de feuilles de sauge
80 g d'échalotes ou d'oignons
3 gousses d'ail
5 clous de girofle
1 cuillerée à café de poivre noir en grains
2 cuillerées à café de sel

- Porter rapidement à ébullition le vinaigre de vin doux et laisser frémir pendant 30 s. Retirer du feu.
- Déposer dans un bocal ou une bouteille la sauge, les échalotes ou les oignons émincés, les gousses d'ail pilées non épluchées, le poivre noir en grains, les clous de girofle et le sel.
- Verser le vinaigre encore chaud. Boucher.
- Laisser macérer au minimum 2 semaines en remuant de temps en temps, afin de mêler les saveurs.
- Mettre à l'abri de la lumière et dans un endroit frais.

# Le citron, un allié pour l'hiver

## Vinaigre de citron

5 citrons
1 l de vinaigre de cidre
1 clou de girofle

- Peler les citrons et les presser.
- Ajouter les zestes et le jus dans une bouteille en verre.
- Faire chauffer le vinaigre de cidre à 50 °C-60 °C. Laisser tiédir et verser dans la bouteille sur le jus de citron. Ajouter le clou de girofle.
- Fermer hermétiquement la bouteille. Laisser reposer la bouteille. Remuer de temps en temps.
- Au bout de 3 semaines, filtrer le vinaigre. Laisser reposer.
- Mettre dans un endroit frais à l'abri de la lumière.

Zeste, d'où viens-tu ? À l'origine, « zest » était une interjection qui marquait le refus, particulièrement la promptitude d'une décision. À noter que « zeste » désigne également la cloison membraneuse partageant en quatre cavités l'intérieur de la noix.

Le terme « citron » est né en 1398 ; il est dérivé du latin *citrus*.

**Le saviez-vous ?**

Le jus de citron peut également servir comme encre invisible. Il suffit d'écrire avec son jus (comme encre) et, ensuite, de faire chauffer la feuille au-dessus d'une chandelle (pas trop près) pour voir apparaître les écritures.

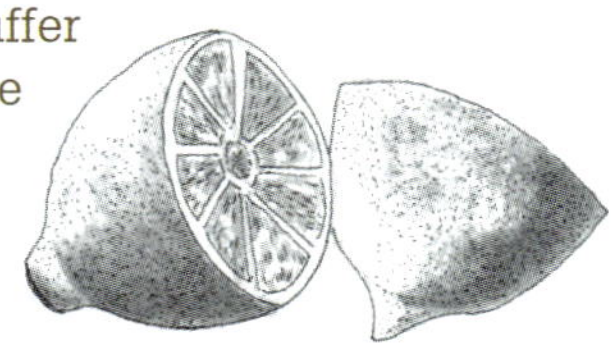

La peau des citrons (ou limes) les plus juteux est fine, unie et brillante, jamais grumeleuse.

# CONSERVATION DES LÉGUMES ANCIENS

## Le pouvoir de la betterave rouge

« À la Saint-Laurent, betterave profite pleinement. »

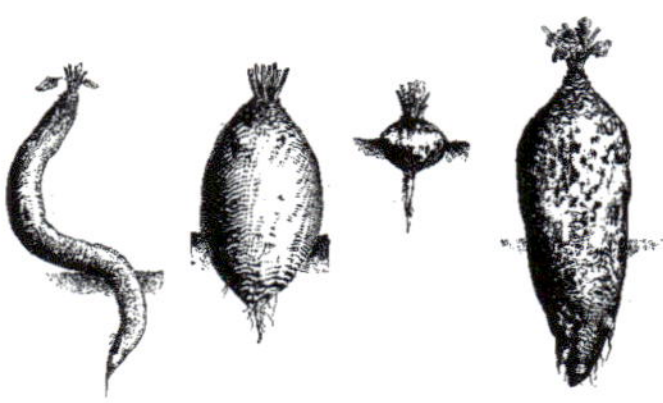

La popularité de la betterave sucrière doit beaucoup à l'intervention de Napoléon Ier. À cause de la guerre avec l'Angleterre et du blocus exercé sur la France, le sucre de canne ne pouvait plus parvenir des Antilles. Afin de faire face à cette pénurie, l'empereur offrit des terres à tous ceux qui cultiveraient la betterave sucrière.

La betterave est riche en vitamines A, E, C, B1, B2, B3, PP, B5, B6, en acide folique, en magnésium, en fer et en phosphore. C'est un aliment nutritif, énergétique, tonifiant et reminéralisant. Elle est utilisée pour soigner la fièvre, les maux de tête, la digestion difficile, la dénutrition, la paresse intestinale.

### Betteraves rouges au vinaigre

1 kg de betteraves cuites
8 échalotes
12 baies de genièvre
75 cl de vinaigre de vin
1 feuille de laurier
2 cuillerées de sucre en poudre
4 clous de girofle
10 g de poivre blanc en grains
2 cuillerées à café de sel

- Couper les échalotes en deux dans le sens de la longueur.
- Éplucher les betteraves rouges, les couper en rondelles et en remplir les bocaux propres. Ajouter les échalotes et les baies de genièvre.
- Dans une casserole, verser le vinaigre, ajouter la feuille de laurier ciselée, le sucre et le sel. Porter à ébullition.
- Dès le premier bouillon, arrêter le feu et laisser refroidir à couvert.
- Verser le vinaigre froid et filtré sur les betteraves. Ajouter les grains de poivre et les clous de girofle.
- Fermer les bocaux et conserver dans un endroit frais, à l'abri de la lumière.

**L'astuce de Dame Nicole :** glissez un petit morceau de betterave dans l'eau de cuisson du riz ou des pâtes. Effet surprenant !

# Le rutabaga aux vertus médicinales

Le rutabaga est riche en potassium, en calcium, en soufre et en phosphore. Il agit comme laxatif, diurétique, reminéralisant, désinfectant intestinal et aide à la digestion.

## Rutabagas au vinaigre

**Pour 2 bocaux de 1 l**
1 kg de rutabagas
8 échalotes
10 baies de genièvre
75 cl de vinaigre
1 feuille de laurier ciselé
3 cuillerées à café de sucre en poudre
1 brin de thym
2 cuillerées de sel fin
5 clous de girofle
8 grains de poivre blanc

- Dans une marmite, faire cuire les rutabagas coupés en gros quartiers.
- Couper les échalotes en deux dans le sens de la longueur.
- Mettre dans les bocaux des morceaux d'échalotes avec trois ou quatre baies de genièvre.
- Dans une casserole, verser le vinaigre, y ajouter la feuille de laurier, le thym, le sucre, le sel, les clous de girofle et le poivre blanc. Porter à ébullition.
- Dès les premiers bouillons, arrêter le feu et laisser refroidir à couvert.
- Verser le vinaigre froid et filtré dans une passoire sur les rutabagas.
- Fermer et conserver dans un endroit frais, à l'abri de la lumière.

*Cette recette vient de l'Europe du Nord.*

# BOCAUX DE VOLAILLE

« Est-ce l'œuf le père de la poule
ou la poule la mère de l'œuf ? »
Raymond Devos, *À plus d'un titre*, 1989

## Bocaux de blancs de volaille, jambon et foies

**Pour 6 bocaux de 250 g environ**
280 g de foies de volaille
1 verre de porto blanc
700 g de blancs de volaille
150 g de chutes de jambon
100 g de gorge de porc
150 g de lard
2 ou 3 œufs
5 échalotes
15 g de beurre
1 cuillerée d'huile d'olive
1 cube de bouillon de volaille
1 feuille de laurier
1 cuillerée à café de thym
4 g de quatre-épices
1 pointe de piment
1 bouquet de persil plat
7 g de sel
4 g de poivre blanc

- Éplucher et émincer les échalotes. Les faire revenir avec un peu de beurre et d'huile.
- Ajouter le bouillon de volaille (préalablement délayé avec deux verres d'eau chaude), porter à ébullition et laisser réduire de moitié.
- À l'aide d'un chinois, filtrer le jus, réserver au frais.
- Dans une cocotte, faire cuire avec le beurre restant les foies de volaille et les échalotes émincées. Déglacer au porto et réserver.
- Couper en morceaux les foies de volaille ainsi que les autres viandes. Ajouter la feuille de laurier ciselée et passer le tout au hachoir à grille moyenne.
- Dans un saladier, déposer le hachis. Saler et poivrer. Ajouter le thym, le quatre-épices, le piment, le persil finement ciselé et malaxer vigoureusement.
- Dans un bol, fouetter les œufs, ajouter le jus de cuisson au porto, le jus filtré et incorporer le mélange au hachis. Remuer le tout.
- Goûter pour l'assaisonnement.
- Répartir dans les bocaux en les remplissant jusqu'à 2 cm du bord.
- Fermer les bocaux hermétiquement et stériliser pendant 2 h à 100 °C.
- Laisser refroidir avant de les ranger dans un endroit frais et à l'abri de la lumière.

# Terrines de foies de volaille

400 g de foies de volaille
350 g de veau
250 g de porc
2 tranches de pain
2 échalotes
2 gousses d'ail
1 oignon
1 œuf
persil
thym
laurier
1 pincée de quatre-épices
2 pincées de piment de Cayenne
sel et poivre du moulin

- Faire tiédir le lait, y tremper le pain.
- Mixer les foies de volaille dans un robot.
- Hacher le plus finement possible le veau et le porc.
- Couper très finement les échalotes, l'oignon et l'ail.
- Hacher le persil, effeuiller le thym.
- Dans un saladier, mettre les foies de volaille et les deux hachis de viande. Mélanger.
- Incorporer le pain égoutté, l'ail, les échalotes, l'oignon, le sel, le poivre, le piment de Cayenne, les quatre-épices, le thym, bien mélanger.
- Battre l'œuf avant de l'ajouter à la préparation qui doit être bien homogène.
- Mettre dans les bocaux en tassant bien la préparation.
- Ajouter une demi-feuille de laurier par bocal avant de les fermer.
- Mettre les bocaux dans le stérilisateur ou la cocotte-minute en les séparant avec un torchon.
- A partir de l'ébullition, les stériliser pendant 1 h 30.

Notre bon roi Henri IV, le plus populaire des rois de France, bien que porté sur les galanteries, avait aussi des préoccupations plus… sociales, et tenait à ce que même la plus petite chaumière de son royaume puisse mettre le dimanche « une poule au pot ». Le chaudron cuisait dans l'âtre et chaque famille faisait cuire ce qui lui tombait sous la main, « à la fortune du pot ! »

# CITRONS CONFITS

« Reprends de la tarte au citron ma chérie, cela fait maigrir. »
Georges Feydeau (1862-1921)
*Souvenir d'une pièce que j'ai jouée au TNB de Rennes à l'époque de Guy Parigot.*

**Utilisation thérapeutique du citron**

Le naturopathe français Raymond Dextrait écrivit : « Nous ne nous étonnons même plus devant les résultats merveilleux dus aux citrons, tellement ceux-ci nous sont devenus coutumiers. » Le citron contribuerait à abaisser le taux de cholestérol et à réguler le système sanguin. En cardiologie, il possède la propriété de fluidifier le sang. Il est très efficace contre les saignements de nez. Les meilleurs effets seront obtenus du citron s'il est consommé en dehors des repas, de préférence dans l'après-midi.

# Citrons confits au sel

## De la vitamine C aux couleurs du soleil

7 citrons mûrs non traités
½ bâton de cannelle coupé en deux morceaux
100 g de gros sel de mer
1 rhizome de gingembre frais finement haché

- Laver à l'eau tiède les trois plus gros citrons. Bien les essuyer.
- Les mettre sur une planche à découper, pointe vert le haut, et les trancher en quatre en arrêtant la lame avant que les quartiers se séparent.
- Mettre les citrons dans le bocal, ajouter le sel et les épices.
- Fermer le bocal. Laisser reposer 3 jours dans un endroit frais.
- Presser les citrons restants.
- Comprimer le contenu du bocal, ajouter le jus de citron. Les fruits devant être totalement recouverts de liquide, rajouter au besoin un peu de jus de citron.
- Fermer le bocal. Laisser reposer au moins 8 semaines avant utilisation.
- Il se conserve au moins 1 an.

**L'astuce de Dame Nicole :** mettez un poids dans le bocal pour compresser les citrons.

**Beauté**
Le citron rajeunit la peau ; il contribue à maintenir l'équilibre du pH. En cas de blessure, quelques gouttes de citron agiront comme antiseptique. Pour l'eczéma, on peut l'utiliser mélangé à de l'huile d'olive ou d'amande douce.

Riche en vitamines C, B1, B2, le citron est un puissant antioxydant et antiseptique. Il est recommandé pour le développement des os et des dents ; il protège le cristallin des yeux et éloigne les rhumes.

### Le saviez-vous ?

Pour chasser les mites dans les placards et les mouches, piquer un citron de plein de clous de girofle.

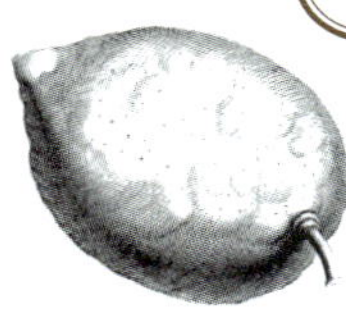

Athénée vanta le pouvoir antivénéneux du citron. Deux condamnés devaient être livrés aux vipères. Ils eurent l'idée de consommer des citrons ; ils furent alors tout à fait immunisés. Les terribles morsures des reptiles n'eurent aucun effet sur eux.

PRINTEMPS

# CONSERVES DE LÉGUMES AU NATUREL

## Étonnante et créative, l'endive

L'endive a été découverte au milieu du 19e siècle par M. Bréziers, responsable du jardin botanique de Bruxelles. On raconte que, pour payer moins d'impôts sur ses cultures, il cacha des pieds de chicorée sauvage dans sa cave en les couvrant d'un petit monticule de terre. Venant les récupérer quelques semaines plus tard, il découvrit que les racines avaient donné une plante blanche, en forme de fuseau… L'endive était née.

### Endives au naturel

5 endives
1 à 2 cuillerées à soupe de sucre
1 petit verre de vinaigre d'alcool
sel

- Choisir des endives bien pommées et ayant toutes la même taille. Les éplucher, les laver et bien les essuyer.
- Faire bouillir une casserole d'eau avec le sucre et y plonger les endives pendant 8 à 10 min. Les égoutter sans les abîmer.
- Les mettre en bocaux, bien régulièrement en hauteur.
- Arroser avec l'eau bouillie sucrée et salée (25 g de sel par litre).
- Boucher et stériliser à ébullition pendant 1 h le premier jour et 30 min le lendemain.

# L'épinard, sortez-le du placard

SEMAINE 12

« L'ère de l'énergie bon marché est presque morte. Popeye n'arrive plus à trouver d'épinards pas chers. »
Peter Paterson, *The Observer*, 1972

Préférez les jeunes pousses, qui sont souvent plus tendres.

La recette des épinards à la florentine rend hommage à Florence, ville que Catherine de Médicis quitta au 16$^{e}$ siècle pour épouser le roi de France Henri II. C'était l'un de ses légumes préférés. Dans sa version sucrée, elle en raffolait.

On surnomme l'épinard le « balai de l'estomac ». Il regorge de minéraux, de potassium, de magnésium et de fer. Lorsqu'il est accompagné de viande, l'organisme en assimile 15 % de plus.

L'épinard fut introduit en Espagne par les Arabes, puis en France par les croisés aux alentours de l'an 1000.

## Épinards au naturel

800 g d'épinards
sel

- Acheter les épinards de printemps. Laisser les queues qui sont très tendres.
- Laver avec plusieurs eaux pour enlever toute la terre.
- Blanchir par petite quantité les épinards à l'eau bouillante pendant 5 min. Rafraîchir.
- La portion qui a été blanchie et rafraîchie est remise dans une autre casserole. Couvrir d'eau bouillante. Laisser cuire à bouillons pendant 5 min.
- Procéder ainsi pour le reste des épinards.
- Égoutter après ébullition.
- Mettre en bocaux remplis aux trois quarts. Arroser avec l'eau bouillante salée.
- Fermer hermétiquement, stériliser à ébullition pendant 2 h le premier jour et 1 h le lendemain.

**L'astuce de Dame Nicole :** si vous faites des épinards frais ou en bocaux, mon secret est d'ajouter des lamelles de poires au sirop ou cuites au vin rouge ; cela apporte une note sucrée qui sied bien à l'épinard. Sublime !

# PICCALILLI

## Le céleri, persil des marais

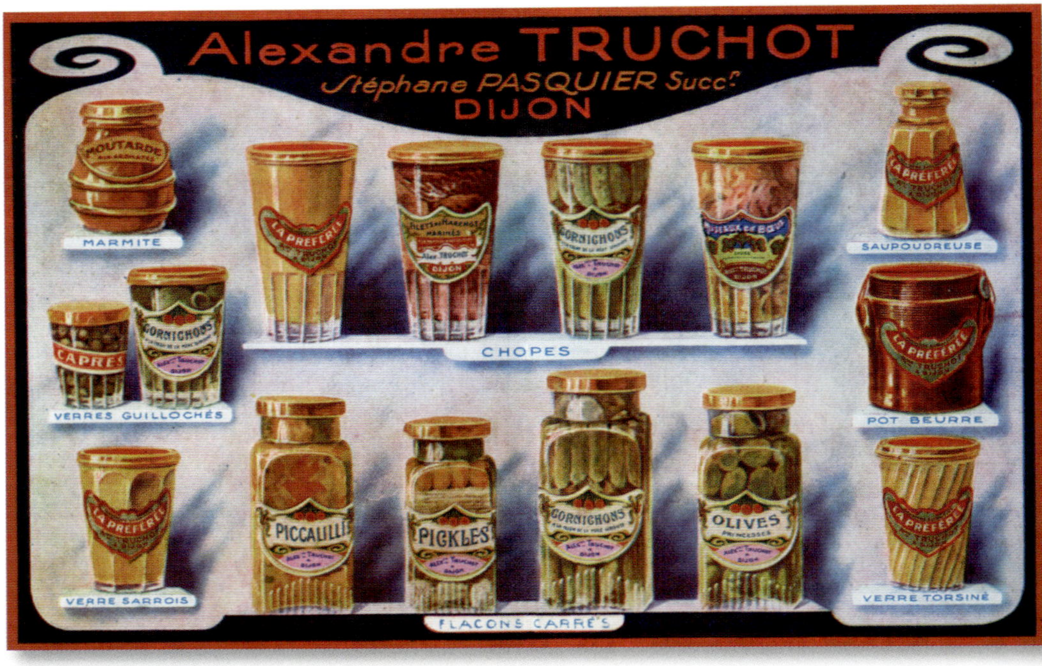

### Aphrodisiaque ?

*« Si les femmes savaient ce que le céleri vaut à l'homme, elles en iraient chercher jusqu'à Rome. »*

*Les croyances populaires lui prêtent des vertus aphrodisiaques pour les hommes ! Le céleri servait en thérapie à réanimer une personne par son odeur.*

Jusqu'à la Renaissance, le céleri était employé comme une plante médicinale, pour ses vertus diurétiques et pour son action stimulante sur le système nerveux.

Le céleri, bien frais, doit être ferme avec des tiges bien vertes.

# L'oignon, le sel de la vie

**Fragment coquin**

« Entends déjà la bande des lâches : « Elle est bien jolie ta botte d'oignons nouveaux. Mais je les digère mal quand ils sont crus. » Que d'hypocrisie pour ne pas dire que l'on capitule quand il est question de savourer l'oignon frais sur une belle salade d'été. Un peu de courage : revendiquez haut et fort votre haleine virile de croqueur d'oignons, béat sur l'air indémodable de « Qu'est-ce qu'elle a ma gueule ? ». Et rappelez utilement à votre partenaire ronchonnant(e) qu'il fut un temps où il (elle) partageait, enamouré(e) avec vous, le munster et l'époisse. Alors, l'oignon ! »
Jacky Durand, *Libération*, 10 août 2010

L'oignon est riche en vitamine C, en protéines, en glucides et en lipides. Il contient du potassium, des oligoéléments (aux propriétés immunitaires et antioxydantes), du sélénium, du chrome. Consommé frais, il s'oppose à la prolifération microbienne, et peut même jouer un rôle antibactérien.

## Piccalilli aux oignons, céleri et cornichons

- 12 petits oignons
- 250 g de céleri
- 250 g de carottes coupées en morceaux
- 3 gros cornichons coupés en rondelles
- 60 cl de vinaigre de vin blanc
- 30 cl de vinaigre de malt (anglais) ou de vinaigre de cidre
- ½ cuillerée à café de piment rouge frais émincé
- 50 g de sucre en poudre
- 50 g de moutarde en grains
- 50 g de curcuma en poudre
- 4 cuillerées à soupe de farine de maïs
- sel, poivre

- Faire blanchir les oignons 2 min dans de l'eau bouillante salée. Rincer à l'eau froide et les éplucher.
- Dans un saladier, mélanger le céleri, les carottes et les cornichons.
- Faire bouillir les vinaigres avec les piments. Laisser refroidir, passer au chinois.
- Vous pouvez préparer les légumes la veille et les laisser tremper une nuit dans de l'eau tiède salée.
- Mélanger le sucre, la moutarde, le curcuma, la farine de maïs et un peu de vinaigre refroidi.
- Faire bouillir le restant de vinaigre. Hors du feu, incorporer au fouet la pâte obtenue.
- Remettre sur le feu 3 min pour que la pâte épaississe.
- Égoutter les légumes, les remettre dans un saladier, ajouter la pâte vinaigrée, le sel et le poivre.
- Mettre dans les bocaux stérilisés. Fermer hermétiquement.
- Les ranger au frais, à l'abri de la lumière.

**L'astuce de Dame Nicole :** vous pouvez ajouter aux piccalilli de la moutarde de fenouil ou de la *Marmite* (condiment irlandais). On peut également manger de la *Marmite* étalée sur du pain.

# LE RAIFORT, UN APHRODISIAQUE

« Ce n'est pas ce que les hommes mangent qui les fortifie mais ce qu'ils digèrent. »
Francis Bacon (1909-1992)

Le terme « raifort » est apparu dans la langue française au 15e siècle. Il vient de l'ancien français *raïz*, qui signifie « racine », et *fort* dont le sens était autrefois « âpre ». Son nom signifie « racine forte ».

La racine fraîche de raifort doit être ferme et dense, lourde en main, sans tâches brunes ou parties molles.

Le raifort est une excellence source de vitamines C et B2, de calcium, de phosphore, de magnésium, de potassium. La vitamine B6 contribue au bon fonctionnement du système immunitaire.

Originaire de l'Europe de l'Est et de l'Asie Mineure, le raifort était connu des Égyptiens 1 500 ans avant notre ère, ainsi que des Grecs et des Romains qui lui attribuaient de nombreuses propriétés médicinales.
Tant les feuilles que les graines ou la racine étaient employées.
Au 12e siècle, il était déjà cultivé en Europe centrale. Ses propriétés bactéricides étant puissantes.

### Mémoire d'apothicaire

Le raifort cuit est bon pour la toux et les poumons.
Hippocrate ordonne aux femmes qui perdent leurs cheveux de se frotter la tête avec du raifort.
On préconise le vinaigre médicinal au raifort afin de dissoudre les calculs rénaux (la pierre) et de les faire sortir.
Si l'on mange le raifort ou si l'on boit son jus à jeun, il donne grande aide et santé.
Certains l'apprécient avec du sel et du vinaigre.

# Raifort au vinaigre

- Laver le raifort, le laisser sécher, l'éplucher, le râper. Mettre en petits bocaux.
- Faire bouillir du vinaigre blanc pendant 10 min.
- Laisser refroidir. Verser sur le raifort.
- Mettre dans des petits bocaux. Ébouillanter et bien sécher.

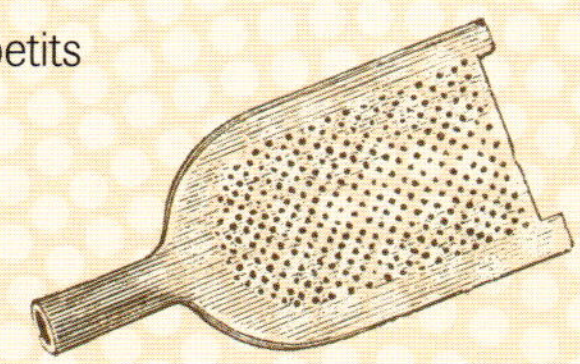

## Pour préparer la sauce au raifort

- Retirer et égoutter trois cuillerées à soupe de raifort râpé.
- Ajouter 15 cl de crème fraîche. Saler et poivrer.

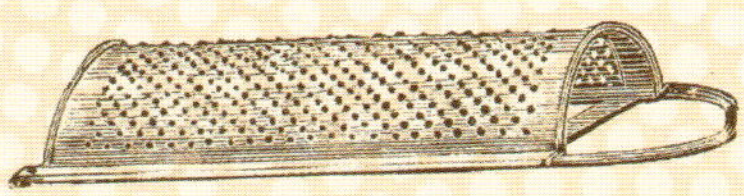

*Cette préparation est presque une pâte, vous pouvez ajouter du wasabi, équivalent japonais du raifort.*
*J'ai essayé avec de la betterave ; c'est original et offre une autre couleur, une autre saveur.*

**L'astuce de Dame Nicole :** les feuilles de raifort remplacent le chou dans la soupe. J'adore me nourrir de raifort, que l'on confond souvent avec le radis noir.
Je fais la même chose avec l'ail : j'en déguste une tête par jour. Quand j'écris, je ne vois personne, je ne vais pas m'en priver ! C'est le miracle : pas de bronchite en vue ! Le meilleur des antibiotiques !

# LÉGUMES PRIMEURS

## Un cœur d'artichaut

L'artichaut apparaît en Italie au 15e siècle et aurait été introduit quelque temps plus tard en France par les Valois.
Catherine de Médicis se gavait de petits violets de Sicile.

### Artichauts confits

- 2 kg de petits artichauts
- 4 citrons
- 30 cl d'huile d'olive
- 20 cl d'huile de pépins de raisin
- 2 brins de thym
- 1 feuille de laurier
- 1 cuillerée à café de grains de poivre blanc écrasés
- gros sel

- Préparer les fonds d'artichauts. Couper les queues, couper toutes les feuilles au ras des cœurs en tournant le couteau tout autour sans laisser de parties vertes.
- Retirer le foin, puis frotter les fonds d'artichauts avec les quartiers de citron.
- Les plonger dans un bol d'eau fraîche avec le jus d'un demi-citron.
- Les égoutter, les plonger dans une casserole d'eau bouillante salée à raison d'une cuillerée de sel par litre d'eau. Ajouter le jus d'un citron.
- Laisser cuire pendant 10 min. Égoutter.
- Si les fonds d'artichauts sont épais, les couper en deux dans le sens de la longueur. Les mettre dans le bocal.
- Ajouter l'huile d'olive et l'huile de pépins de raisin, le jus de deux citrons et trois lanières de leurs zestes, deux brins de thym, la feuille de laurier, une cuillerée à café de grains de poivre écrasés et une cuillerée à soupe de sel.
- Fermer hermétiquement et réserver.

# L'asperge, un goût subtil

SEMAINE 15

« Un meurtre sans des ciseaux qui brillent est comme des asperges sans sauce hollandaise. Sans goût. »
Alfred Hitchcock (1889-1980)

**Le saviez-vous ?**

Le savoir-vivre veut que l'on mange les bourgeons à la fourchette et le reste à la main (si c'est permis !). N'oubliez pas les rince-doigts. Ayant vécu en Angleterre, j'ai noté qu'il serait mal venu de procéder de cette manière si indélicate aux yeux des Anglo-Saxons ! Des pinces à asperges seront dressées sur la table ! Les doigts ! « *Horribilis, my dear !* »

## Conserves d'asperges à l'ancienne

- Prendre des asperges bien fraîches, tendres, de dimension moyenne.
- Les tailler de la même longueur pour qu'elles rentrent dans le bocal.
- Dans un faitout, mettre de l'eau, porter à ébullition et plonger les asperges, têtes vers le haut.
- Laisser bouillir 4 à 5 min.
- Les mettre immédiatement et délicatement dans de l'eau froide avec des glaçons. Égoutter.
- Les mettre dans le bocal, la tête vers le haut, en les serrant mais pas trop.
- Laisser un vide entre les asperges de 2 à 4 cm et le haut des bocaux.
- Verser de l'eau salée (une cuillerée à soupe de sel par bocal).
- Fermer bien hermétiquement.
- Mettre les bocaux dans un faitout ou un stérilisateur et verser l'eau jusqu'à hauteur des bocaux. Couvrir le récipient.
- Porter à ébullition et retirer le récipient du feu dès la prise de l'ébullition.
- Laisser refroidir les bocaux.
- Ranger à l'abri de la lumière dans un endroit frais.

Louis XIV appréciait beaucoup les asperges. L'agronome Jean de La Quintinie l'approvisionnait dès le mois de décembre.

# BOCAUX DE POISSON

## Saumon et cabillaud à la chair délicate

Consommé par les Vikings, le saumon connut un véritable essor au Moyen Âge, où son abondance et sa longue conservation en faisaient un aliment stratégique pour les grands peuples voyageurs.

### Terrine aux deux poissons

180 g de saumon
160 g de cabillaud
125 g de crevettes roses
110 g de petits pois ou carottes fraîches
3 tranches de pain de mie
3 brins d'estragon
3 œufs
10 cl de crème fraîche
1 bonne cuillerée de vin blanc
1 cuillerée à soupe d'huile d'olive
15 g de beurre
sel, poivre

- Faire cuire les petits pois ou les carottes dans une casserole d'eau bouillante salée, pendant 5 min. Égoutter et réserver.
- Dans une poêle, faire cuire le saumon 3 min de chaque côté avec un peu d'huile d'olive. Ôter les arêtes et réserver. Procéder de même avec le poisson blanc.
- Décortiquer les crevettes.
- Émietter le pain de mie.
- Hacher grossièrement les feuilles d'estragon.
- Mixer les trois quarts du poisson blanc.
- Dans un saladier, battre vigoureusement les œufs. Ajouter la crème, le pain de mie, l'estragon et le vin blanc. Saler et poivrer. Bien remuer longuement afin d'aérer la préparation.
- Beurrer légèrement les bocaux, puis répartir la préparation à mi-hauteur.
- Émietter le reste de poisson blanc et de saumon.
- Ajouter les crevettes entières et les petits pois ou les carottes préalablement coupées en dés.
- Recouvrir avec le reste de la préparation jusqu'à 2 cm du bord.
- Fermer les bocaux hermétiquement et stériliser pendant 2 h à 100 °C. Laisser refroidir avant de ranger dans un endroit frais.

# Le maquereau, un poisson plein de ressources

## Bocaux de maquereaux

6 petits maquereaux
50 cl de vinaigre blanc
6 rondelles de carottes fines
2 rondelles de citron
3 rondelles d'oignons
2 oignons grelots
1 fine brindille de thym
½ feuille de laurier
2 clous de girofle
3 grains de poivre blanc
sel, poivre

- Dans une casserole, faire chauffer 50 cl de vinaigre blanc.
- Ébouillanter trois bocaux et bien les sécher.
- Introduire les maquereaux debout. Ajouter le vinaigre blanc tiédi et refroidi ainsi que tous les autres ingrédients.
- Faire bouillir les bocaux 40 à 50 min dans une grande bassine.
- Ranger à l'abri de la lumière pendant plusieurs semaines, ils n'en seront que meilleurs.
- On peut les garder un an.
- Quand ils sont ouverts, mettre au réfrigérateur.

### Le saviez-vous ?

Les gros maquereaux sont surnommés « torpilles » et les moyens « lisettes ». Le maquereau appartient à la même famille que le thon.

Le maquereau est l'un des poissons les plus nutritifs ; il est particulièrement riche en oméga 3, en vitamines D et B, ainsi qu'en minéraux tels le sélénium, le fer et l'iode.

# DOUX ET PUR, L'AGNEAU QUI NAÎT !

« En octobre, les enfants, comme les agneaux, naissent plus beaux. »

Les premières traces d'élevage d'agneaux se rencontrent au Moyen-Orient et remontent à plus de 12 000 ans.

## Agneau au curry « Alexandre »

### Un classique de la gastronomie française

**Pour 4 bocaux de 370 g environ**

1 kg de poitrine d'agneau
3 cuillerées à soupe d'olive
5 oignons
3 gousses d'ail
2 cuillerées à café de curry
1 cuillerée à café de curcuma
1 cuillerée à café de gingembre
1 cuillerée à café de cumin moulu
1 pointe de coriandre fraîche
2 cuillerées à café de concentré de tomates
½ verre de jus de citron
sel, poivre du moulin

- Dans une cocotte, faire sauter les morceaux d'agneau avec un peu d'huile d'olive. Saler et poivrer. Réserver.
- Dans la cocotte, faire chauffer l'huile restante, ajouter les oignons émincés et l'ail avec les épices. Bien colorer. Ajouter le concentré de tomates et le jus de citron. Continuer la cuisson à feu doux 5 min.
- Disposer les morceaux d'agneau dans la cocotte. Ajouter la coriandre ciselée et recouvrir d'eau tiède.
- Vérifier l'assaisonnement. Laisser mijoter 30 min à feu doux. Couvrir.
- Déposer dans chaque bocal les morceaux de viande avec le jus de cuisson jusqu'à 2 cm du bord.
- Fermer les bocaux hermétiquement et stériliser pendant 1 h 15 à 100 °C.
- Ranger dans un endroit sec, à l'abri de la lumière.

# Navarin d'agneau en bocaux « Michel Burel »

**Pour une terrine de 750 g**
1,5 kg d'épaule d'agneau désossé
2 gousses d'ail
1 oignon
2 tomates
75 cl de bouillon de légumes
2 cuillerées à soupe de farine
25 cl de vin blanc
1 bouquet garni
sel, poivre

- Peler et éplucher l'ail. Éplucher et émincer l'oignon.
- Peler les tomates, les couper en deux et les épépiner. Couper leur chair en petits dés.
- Verser dans une casserole 75 cl de bouillon de légumes et faire chauffer.
- Faire revenir les morceaux de viande à sec sur toutes les faces. Lorsqu'ils sont bien dorés, ajouter l'oignon émincé et le bouillon. Laisser cuire à feu doux.
- Verser la farine en pluie et remuer le tout pendant 2 min.
- Ajouter le vin blanc, le bouquet garni, les tomates, l'ail, la préparation de bouillon de légumes, le sel et le poivre. Laisser mijoter à petits bouillons pendant 30 min.
- Verser la préparation dans les bocaux, en arrêtant le remplissage à environ 2 cm du bord. Fermer hermétiquement, puis stériliser dans une bassine ou à l'autocuiseur pendant 1 h 30 environ.

Acheter de préférence le célèbre agneau de prés-salés du Mont-Saint-Michel. Élevé au bord de la mer, il se nourrit d'herbages et d'algues riches en sel et en iode, qui confèrent à sa chair une saveur tout à fait remarquable.

La viande d'agneau renferme d'intéressantes quantités de vitamine B12 et de zinc, qui permettent de lutter respectivement contre le cholestérol et l'ostéoporose.

**Le saviez-vous ?**

L'agneau de Pâques était l'emblème des corporations de drapiers.

# RILLETTES DE POISSON

## Le maquereau, un *must* à conserver

### Rillettes de maquereaux « Famille J.-Pol Beauvais »

**Pour 4 pots**

4 à 6 maquereaux de Camaret
½ pot de moutarde à l'ancienne
2 cuillerées à soupe de crème fraîche liquide
300 g de beurre ramolli
le jus d'un citron
1 cuillerée à soupe de vinaigre d'alcool
1 grosse botte de ciboulette ciselée
1 pincée de piment de Cayenne

- Cuire les maquereaux pendant 10 min au court-bouillon.
- Enlever la peau, les arêtes et les parties foncées. Bien écraser la chair avec une fourchette.
- Dans un saladier, mélanger les maquereaux avec tous les ingrédients.
- Placer 6 h au réfrigérateur avant de déguster.

**L'astuce de Dame Nicole :** ne videz pas les maquereaux si vous voulez les congeler. Essuyez-les et mettez-les dans un sac de congélation. Vous les viderez une fois décongelés, ils seront comme frais.

# La sardine, excellente contre le stress !

SEMAINE 18

## Rillettes de sardines « Marie-Pierre Arzur-Dilasser »

12 sardines
10 cl de vin blanc sec
1 brindille de thym
du persil
4 branches de basilic
1 tranche de mie de pain
un peu de lait
1 citron
2 cuillerées à soupe de crème fraîche
1 pincée de piment d'Espelette
sel, poivre

- Laver, vider et essuyer les sardines. Les mettre dans une casserole avec le vin blanc, le thym et le persil ficelés. Ajouter un peu d'eau afin de couvrir les sardines.
- Saler, poivrer et amener à ébullition. Couvrir, retirer du feu et laisser refroidir dans le bouillon.
- Retirer le thym et le persil.
- Ciseler le basilic. Tremper la mie de pain dans du lait. Bien essorer et émietter le pain. Ajouter le sel, le poivre, le piment d'Espelette et la crème fraîche.
- Enlever l'arête centrale des sardines et les écraser à l'aide d'une fourchette afin d'obtenir une pâte homogène. Mélanger avec le basilic et la mie de pain. Ajouter le jus de citron.
- Goûter pour rectifier l'assaisonnement.
- Remplir des pots et mettre au congélateur.

1924 est marqué par la célèbre grève des « Penn Sardin » : quarante-deux jours d'hostilités ! Les usines débrayent, soutenues par Daniel Le Flanchec, le maire de Douarnenez. Joséphine Pencalet (*penn kalet* : « tête dure » en breton) est restée l'héroïne de la grève des sardinières.
Grande figure politique et homme de conviction, Charles Tillon a soutenu le mouvement. Il venait dîner dans mon restaurant, *L'Escu de Runfao* (1 étoile au Guide Michelin).

### Le saviez-vous ?

Ces deux boîtes de sardines des peintres William Mackendrie (*à gauche*) et François Dilasser (*à droite*) ont été réalisées avec la complicité de Marie-Pierre Arzur-Dilasser qui tient avec panache les galeries « La Navire » à Brest et Paris. Cette série a été complétée par celle de Jean-Pierre Pincemin.

# LES PICKLES, LA CUISINE INDIENNE À LA FRANÇAISE !

« Donnez-vous des rendez-vous partout,
Dans les champs, dans les choux,
Faites-vous des baisers tout de suite,
Des serments sur le grand huit.
Le temps passe à toute vitesse,
Roulez jeunesse. »
Louis Chedid

Les pickles sont des condiments anglo-saxons à base de légumes (ou de fruits ou bien un mélange des deux), conservés dans un vinaigre aromatisé. D'origine indienne, les pickles sont apparentés aux achards de Madras ou de Bombay, mais les Britanniques en ont modifié les recettes pour les rendre moins piquants.

L'ail renferme des vitamines A, B1, B, et C, ainsi que du sélénium, des glucides, divers antibiotiques naturels dont l'ajoène. Il détruit des bactéries intestinales pathogènes sans détruire la flore. Il possède des agents anticoagulants.

# Chou et chou-fleur, atouts minceur

SEMAINE 19

## Pickles au chou-fleur et au céleri

- 1 chou-fleur nouveau coupé en petits bouquets
- 150 g de haricots verts
- 5 petits oignons grelots
- 5 pointes d'asperges
- 3 petites carottes nouvelles
- 2 branches de céleri
- 1 l de vinaigre blanc
- 1 cuillerée à soupe rase de moutarde en poudre (ou en grains)
- 2 clous de girofle
- 2 petits piments rouges
- 2 brins d'estragon
- 1 feuille de cerfeuil
- 15 graines de capucine
- 3 ou 4 gousses d'ail
- 3 baies de genièvre
- 4 grains de poivre, sel

La veille

- Nettoyer les légumes et les couper en petits morceaux. Les faire blanchir 5 min à l'eau bouillante salée. Les égoutter et les mettre dans de petits bocaux.
- Faire chauffer le vinaigre et le verser bouillant sur les dés de légumes. Laisser macérer 24 h.

Le lendemain

- Récupérer le vinaigre, le faire bouillir à nouveau avant d'en recouvrir les légumes.
- Ajouter le poivre, les clous de girofle, la moutarde, les piments, l'estragon, le cerfeuil, les graines de capucine, les gousses d'ail et les baies de genièvre.
- Fermer hermétiquement les bocaux.
- Ne pas consommer avant 3 semaines à 6 mois.
- Mettre au réfrigérateur ou dans un endroit frais, à l'abri de la lumière.

**L'astuce de Dame Nicole :** blanchissez le chou 1 à 2 min dans une première eau avant de le cuisiner. Jetez cette première eau : cela le rend plus digeste et diminue l'odeur caractéristique qui se dégage lors de la cuisson.
Vous pouvez faire la même recette avec des brocolis.

Le chou est le protecteur de votre organisme. Il est une bonne source de fibres, de vitamines C, B9, K. C'est un anticancéreux et antioxydant. Il fait partie des aliments qu'on emportait en bateau pour éviter le scorbut.

Le chou-fleur a été rapporté d'Inde.

Les têtes de chou-fleur doivent être fermes et les fleurons bien serrés. Ce qui reste du feuillage doit être frais, vert et gonflé d'eau. Si les fleurons sont écartés, c'est signe que le légume a été récolté trop tard.

### Le saviez-vous ?

Dans l'Antiquité, les Grecs servaient une soupe aux choux aux jeunes mariés le matin de leur nuit de noces. Voilà d'où vient la légende des enfants « qui naissent dans les choux »...

# LE THON, C'EST BON !

« Et c'est là que jadis, à quinze ans révolus,
À l'âge où s'amuser tout seul ne suffit plus,
Je connus la prime amourette.
Auprès d'une sirène, une femme-poisson,
Je reçus de l'amour la première leçon,
Avalai la première arête. »
Georges Brassens

Le thon rouge se démarque du thon blanc par sa teneur élevée en acides gras et en oméga-3. Des études montrent que la consommation de thon a des effets favorables sur la santé cardio-vasculaire et réduirait la mortalité.

## Thon aux tomates anisées

2 kg de thon frais en tranches
500 g de tomates
3 oignons jaunes
3 cuillerées à soupe d'huile d'olive
quelques grains d'anis ou de badiane
1 bouquet garni
3 gousses d'ail
5 grains de poivre vert
sel, poivre

- Enlever la peau du thon. Essuyer les tranches à l'aide d'un papier absorbant. Retirer les écailles.
- Plonger les tomates dans de l'eau bouillante 1 min et les peler. Les couper en quatre dans le sens de la longueur.
- Peler et émincer les oignons. Dans une sauteuse, avec une cuillerée à soupe d'huile d'olive, les faire dorer en même temps que l'anis et les grains de poivre vert. Ajouter les tomates, le bouquet garni et l'ail coupé finement.
- Laisser mijoter 20 min à feu moyen.
- Faire revenir les tranches de thon dans une poêle avec le reste d'huile d'olive. Saler et poivrer.
- Déposer le thon sur le concassé de tomates et poursuivre la cuisson 20 min à feu doux.
- Répartir la préparation encore tiède dans les bocaux.
- Ajouter le jus de cuisson en s'arrêtant à 2 cm du bord.
- Fermer les bocaux hermétiquement et stériliser 2 h à 100 °C.
- Ranger les bocaux dans un endroit sec, à l'abri de la lumière. Ils se conservent 4 à 5 mois.

**L'astuce de Dame Nicole :** ajoutez un demi-verre de pastis dans cette préparation. Vous obtiendrez une saveur surprenante !

# Thon en saumure de « Léo »

2 kg de thon frais coupé en grosses tranches de 5 cm

**Court-bouillon :**

2 oignons

6 grains de poivre noir

1 feuille de laurier

5 brins de thym

gros sel

- Verser du gros sel sur le thon et laisser reposer 30 min.
- Faire un court-bouillon corsé avec les oignons, le poivre, le laurier et le thym.
- Mettre les tranches de thon dans les bocaux. Remplir avec le court-bouillon chaud.
- Déposer les bocaux dans une marmite remplie d'eau, les séparer par un torchon et faire bouillir pendant 2 h.
- Mettre à l'abri de la lumière et au sec.

C'est la recette d'une Bretonne – une vraie ! – qui habite à Douarnenez, et elle achète un thon entier directement aux pêcheurs.

### Le saviez-vous ?

Il est difficile de garder un thon captif. L'aquarium de la baie de Monterey, en Californie, est l'un des rares dans le monde à pouvoir en montrer. C'est un infatigable migrateur.

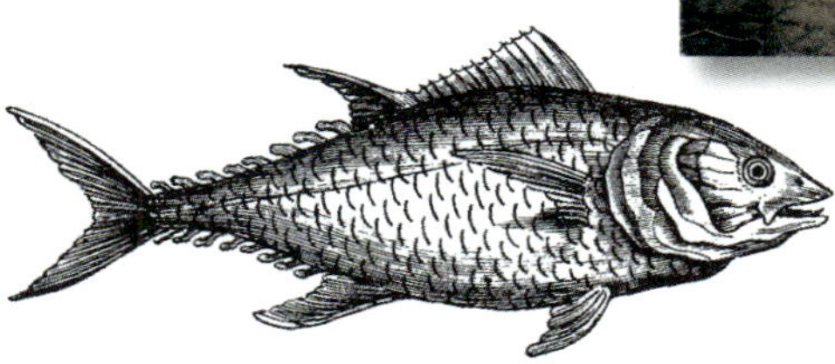

# LÉGUMES VERTS, UN RÉGAL

« Ce qu'on est arrivé à faire avec le téléphone sans fil, est-ce qu'on va le réussir un jour avec les haricots ? »
Philippe Geluck, *Le Succulent du chat*, 1998

Avec 25 kcal pour 100 g, les haricots sont riches en protéines, en glucides, en fibres, en bêta-carotène et en vitamine C.

## Le haricot, c'est la taille fine des dames !

### Haricots verts au vinaigre

500 g de haricots verts
1 oignon
2 petites feuilles de laurier
1 cuillerée à soupe de sucre
1 cuillerée à café de poivre
1 cuillerée à café de coriandre
1 piment de Jamaïque
1 cuillerée à café de sel
75 cl de vinaigre de vin blanc

- Équeuter les haricots verts, les laver et les égoutter. Peler un oignon et le couper en lamelles fines.
- Déposer dans une casserole l'oignon, le laurier, le sucre, le poivre, la coriandre, le piment entaillé sur toute sa longueur, le sel et le vinaigre de vin blanc. Porter le tout à ébullition pendant 5 min.
- Ajouter les haricots et porter de nouveau à ébullition. Couvrir et laisser cuire 5 min à feu doux.
- Égoutter tous les ingrédients de la cuisson en réservant le vinaigre.
- Ranger délicatement les haricots dans le bocal puis verser le vinaigre encore chaud.
- Fermer hermétiquement le bocal.

# Le petit pois, un trésor en cosse



## Petits pois au jus de laitue

2 kg de petits pois frais
2 cœurs de laitue
8 petits oignons frais avec des tiges vertes (les cives)
50 g de beurre
3 morceaux de sucre
15 g de sel de mer
quelques grains de poivre blanc
poivre du moulin

- Écosser les petits pois.
- Laver les cœurs de laitue en séparant les feuilles. Essorer.
- Éplucher les oignons en gardant les tiges (ou cives).
- Dans une casserole remplie d'eau bouillante, faire blanchir les petits pois environ 6 min. Égoutter.
- Dans une autre casserole, faire blanchir les oignons et les tiges coupées en morceaux avec du beurre pendant 6 min. Égoutter.
- Faire bouillir 50 cl d'eau avec quelques grains de poivre, le sel et le sucre tout en remuant avec une spatule en bois le temps de faire fondre le sucre. Retirer la casserole du feu et laisser tiédir.
- Dans les bocaux, répartir les feuilles de laitue, 5 g de beurre, les petits pois, les oignons et les cives, en alternant les ingrédients de façon équitable. Tasser avec le dos d'une cuiller.
- Verser le liquide refroidi dans les bocaux. Boucher hermétiquement.
- Dans une marmite remplie d'eau, disposer les bocaux en les séparant avec un torchon. Stériliser pendant 30 min. Laisser refroidir dans la marmite.
- Mettre à l'abri de la lumière, dans un endroit sec.

« À la Fontanges » désigne une recette de potage aux petits pois additionné de cerfeuil et d'oseille, en l'honneur de Marie-Angélique de Scorailles de Roussille, duchesse de Fontanges, qui fut la maîtresse de Louis XIV et mourut à l'âge de 20 ans. Elle raffolait certes, du roi, mais aussi des petits pois !

# SIROPS DE FRUITS ROUGES

## Le safran, un exhauteur de goût

Au Maroc, lorsque les premières dents font souffrir les bébés, les grand-mères massent leurs gencives avec une bague d'or enduite de miel et de safran, une lotion antiseptique et antidouleur.
Mélangé à de l'huile, le safran soulage les ulcérations de la bouche, des gencives et des lèvres.

Dans la mythologie grecque, on raconte que Crocos et Hermès jouaient ensemble à lancer le disque lorsque Crocos, éblouie par le soleil, fut frappée par le disque en plein front et mourut. À l'endroit exact où avait coulé le sang sortit une belle fleur de safran nommée « crocus ».

### Sirop de groseilles et de cerises au safran

1 kg de cerises et de groseilles
½ cuillerée à café de pistils de safran
(ou de safran en poudre)
800 g de sucre pour 50 cl de jus

- Dénoyauter les cerises à l'aide d'un dénoyauteur.
- Mixer 1 kg de cerises et de groseilles en tout.
- Ajouter le safran et 75 cl d'eau. Mélanger.
- Faire cuire au bain-marie pendant 1 h à frémissements.
- Filtrer à travers une étamine, ou un chinois, si nécessaire plusieurs fois.
- Dans une casserole, mettre autant de jus que de sucre et porter à ébullition.
- Laisser bouillir 2 à 3 min, écumer et retirer du feu.
- Remplir les bouteilles de ce sirop tiédi.
- Laisser refroidir et boucher hermétiquement.

**Le saviez-vous ?**

Le safran est excellent contre la dépression, c'est une plante qui calme. Il apporte gaieté et sagesse. On lui confère des qualités d'aphrodisiaque féminin. Vite, Mesdames, un remontant ! Le bon dosage est de 0,5 g à 1 g par litre. Je vous dis tout ! Je suis en train de déguster du safran dans mon thé.

# Baies et fruits rouges

## Sirop de fruits rouges de saison

**Pour environ 1 l**

1 kg de fruits rouges au choix : framboises, fraises, quelques baies de groseilles, myrtilles
sucre semoule
le jus d'un citron

- Mixer 1 kg de fruits rouges de votre choix. Ajouter 75 cl d'eau et mélanger.
- Faire cuire au bain-marie pendant 30 à 40 min à frémissements. Surveiller au bout de 40 min, prolonger un peu la cuisson si la consistance n'est pas suffisamment sirupeuse. Ajouter le jus de citron.
- Filtrer au travers d'une étamine, d'un chinois, d'une mousseline ou d'un bas, plusieurs fois si nécessaire.
- Mesurer le liquide : pour 50 cl de jus, ajouter 450 g de sucre.
- Dans une casserole, porter à ébullition le jus et le sucre.
- Laisser bouillir pendant 2 à 3 min. Écumer si nécessaire et retirer du feu.
- Remplir les bouteilles de sirop encore chaud, les ébouillanter.
- Laisser refroidir et bien boucher.

La groseille est riche en oligo-éléments, en potassium et en fer. Elle favorise la circulation du sang et protège les vaisseaux sanguins. La myrtille aurait des propriétés antiseptiques, antidiarrhéiques, antihémorragiques ainsi que des effets bénéfiques pour éviter la cataracte.

« Les myrtilles sont des grelots que rend muets la peur d'être dévorés. »
*Sylvain Tesson, Aphorismes sous la lune et autres pensées sauvages, 2008*

# LA RHUBARBE, DU CALCIUM EN TIGE

« La rhubarbe purge l'humeur colérique. »
Oresme (1325-1382)

La rhubarbe est très laxative, tonique, antianémique grâce à sa teneur en fibres. Elle est riche en minéraux, potassium, phosphore, magnésium, calcium, protides, glucides, lipides et vitamine C.

La rhubarbe fit rapidement son apparition dans les jardins de plantes médicinales.

## Sirop de rhubarbe « Charles de la Freslonnière »

15 tiges de rhubarbe
sucre cristallisé

- Éplucher la rhubarbe, la couper en petits tronçons.
- Dans un faitout, la faire cuire dans 1 l d'eau bouillante entre 5 à 8 min selon la grosseur des tiges.
- Filtrer le jus dans un chinois, une mousseline ou un bas, en pressant bien la purée afin d'en extraire un maximum de jus.
- Peser le jus obtenu. Ajouter le même poids de sucre. Bien mélanger.
- Verser la préparation tiédie dans les bouteilles.
- Stériliser dans une bassine d'eau.
- Faire bouillir, en intercalant un linge entre les bouteilles, pendant 20 min pour une longue conservation.

**L'astuce de Dame Nicole :** il est conseillé de cuisiner la rhubarbe sans attendre car elle ramollit vite. Ne la pelez pas ; elle gardera ses morceaux entiers pendant la cuisson.

La rhubarbe vient d'Asie et fut introduite en Europe par Marco Polo. On l'utilisait au 16e siècle pour traiter les maladies vénériennes.

L'intérêt de la rhubarbe résida longtemps dans sa racine ! Ses vertus laxatives en faisaient une plante fortement recherchée.

Prendre de la rhubarbe à tiges vertes et fines ; elle est légèrement acidulée et moins aqueuse. Crue, elle est excellente.

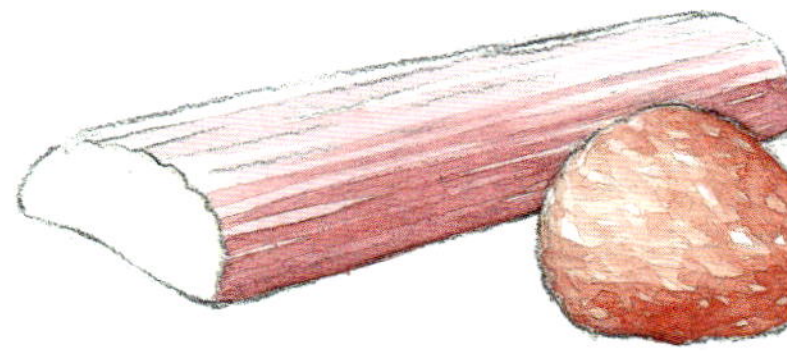

**Le saviez-vous ?**

Honneur aux Anglais qui l'ont cuisinée les premiers ! Sur un plan botanique, c'est certainement un légume puisque la partie consommée est les pétioles charnus des feuilles. Pourtant, ses usages culinaires sont ceux d'un fruit : n'hésitez pas à y goûter lorsque vous en trouvez sur le marché. Sa saveur acidulée et fruitée reste unique.

# FRAISES ET FRAMBOISES, DOUCEURS DU JARDIN

« Une bonne consolation est un amour charmant comme une jeune fraise au bord d'un vieux torrent. »
Francis Jammes, *De l'angélus de l'aube à l'angélus du soir*, 1898

**Le saviez-vous ?**

À l'origine, c'est Louis-Ferdinand Céline, médecin et écrivain, qui, en 1936, a utilisé « sucrer les fraises » pour désigner les tremblements d'un ivrogne.

## Liqueur de fraisettes de « Constance »

**Pour 2,5 l de liqueur**
500 g de fraisettes (ou de fraises)
2 l d'eau-de-vie à fruits (40 °-45 °)
500 g de sucre
50 cl de sirop de canne

- Équeuter les fraises, les essuyer soigneusement après les avoir lavées rapidement.
- Mettre les fraises dans un grand bocal, verser l'eau-de-vie et le sucre dessus.
- Fermer le bocal d'un bouchon de liège.
- Placer le bocal pendant 1 ou 2 mois dans un endroit chaud, si possible au soleil.
- Après ce temps, passer le tout au tamis.
- Récupérer le jus, ajouter le sirop de canne.
- Mettre en bouteilles. Bien boucher.
- La fraisette se boit nature comme une liqueur.

### Expression coquine

La fraise est vite devenue symbole de plaisir d'amour. Au 18e siècle, on nommait « fraise » les tétons des femmes, ce qui entraîna la locution « aller aux fraises » comme synonyme de « flirter »

### Le saviez-vous ?

Les fraises « Mara des bois » ont un goût de violette. Au sens botanique du terme, les vrais fruits sont les akènes, ces petits grains secs (communément appelés à tort « pépins », alors que ce dernier terme ne devrait désigner que leur minuscule graine centrale).

Une bonne idée de recette du pays de Caux : Remplir un bocal de 1 l avec des fraises coupées en deux ou en quatre, ajouter une cuillerée à soupe de vinaigre de cidre et deux cuillerées à soupe de sucre de semoule. Boucher et laisser macérer au frais toute la journée, en retournant le bocal une ou deux fois. À servir avec une brioche au beurre.

## Confiture de fraises et de framboises de « Régis »

600 g de fraises
400 g de framboises
950 g de sucre cristallisé
le jus d'un citron

- Passer les fraises sous un filet d'eau froide et les essuyer rapidement.
- Passer les framboises au moulin à légumes (grille fine).
- Dans une bassine à confitures, mélanger la pulpe obtenue, le sucre et le jus de citron.
- Porter à ébullition en remuant tout doucement.
- Maintenir la cuisson à feu doux pendant 5 à 10 min en remuant toujours.
- Écumer soigneusement. Redonner un bouillon.
- Mettre une petite cuillerée de confiture sur une assiette. Si elle se fige, elle est prête.
- Mettre en pots immédiatement et fermer hermétiquement. Puis retourner les pots, tête en bas. Laisser reposer jusqu'au lendemain. Cela permet d'enlever l'air présent dans les pots.

**L'astuce de Dame Nicole :**
ajoutez une noix de beurre en fin de cuisson pour résorber l'écume. Ajoutez également une goutte d'essence de violette.

ÉTÉ

# LE TEMPS DES CERISES

Riches en fibres et en sorbitol, les cerises ont un effet laxatif. Elles contiennent beaucoup de sucre.La tisane de queues de cerise a des propriétés diurétiques ; elle est donc recommandée pour les régimes ! Elle est riche en oligoéléments, en potassium, en sodium, en calcium et en magnésium.

## Cerises au vinaigre

### Le petit fruit qui fait mouche !

1,5 kg de cerises
1 l de vinaigre blanc
100 g de sucre en poudre
1 bâton de cannelle
½ feuille de laurier
3 clous de girofle
un peu de noix de muscade

- Laisser 1 cm de queues aux cerises.
- Laver les cerises et les essuyer avant de les déposer dans un pot préalablement ébouillanté et bien séché. Bien tasser les fruits.
- Verser le vinaigre dans une petite casserole. Ajouter le sucre en poudre et les épices. Porter à ébullition.
- Laisser refroidir la préparation, puis la verser sur les cerises.
- Mettre en pots. Fermer hermétiquement.
- Laisser macérer pendant environ 3 mois dans un endroit sombre et frais.

**L'astuce de Dame Nicole :** les cerises dans leurs pots doivent être recouvertes par le vinaigre.

**Le saviez-vous ?**

Lors de la Première Guerre mondiale, un paysan arboriculteur repéra un beau cerisier à Lyon (il était mobilisé comme artificier). Il récolta des rameaux qu'il greffa sur un merisier chez lui à Loire-sur-Rhône et obtint des résultats dépassant ses espérances. Une nouvelle variété était née. Aujourd'hui, la cerise douce Burlat est la cerise de table la plus vendue en France. Cette création rapporta une récompense honorifique à son auteur avec une rue de Loire-sur-Rhône à son nom ! Ne l'oublions pas !

En ce qui concerne la liqueur de cerises, remercions les religieuses d'Angers qui nous distillaient le guignolet.

La fraîcheur des cerises se reconnaît à leur queue bien verte solidement attachée, ne présentant aucun signe de dessèchement.

# Cerises à l'eau-de-vie « Charlotte et Marc M. »

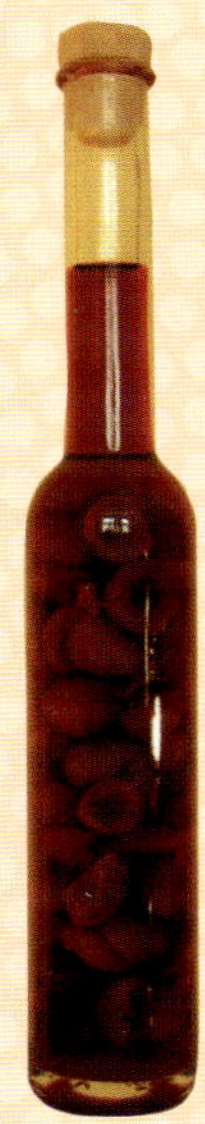

1 kg de cerises pas trop mûres
10 cm de bâton de cannelle ou 5 g de cannelle en poudre
85 cl d'eau-de-vie blanche à 45 °
250 g de sucre cristallisé

- Laver les cerises et les essuyer soigneusement.
- Couper les queues en laissant 1 cm.
- Mettre les cerises dans des bocaux ébouillantés et bien séchés.
- Ajouter l'eau-de-vie, la cannelle et le sucre.
- Fermer les bocaux hermétiquement.
- Mettre au frais et à l'abri de la lumière ; la cave, c'est parfait !
- Pendant les premiers temps, remuer les bocaux tous les 2 ou 3 jours afin de mêler les saveurs.

# CONSERVES EN SAUMURE

## Atout minceur, le haricot

**Le saviez-vous ?**

Les fils des haricots verts apparaissent lorsque la plante a été stressée : canicule, manque d'eau, etc.

« Le haricot doit voir partir son maître. » Cela signifie qu'il est nécessaire de ne pas trop enterrer les graines.

Le haricot vert provient d'Amérique centrale et d'Amérique du Sud (Andes).

### Haricots verts au sel

haricots verts
sel

- Ébouillanter et bien sécher les bocaux.
- Préparer une saumure à raison de 30 g de sel par litre d'eau. Porter à ébullition et laisser refroidir.
- Équeuter des haricots verts fraîchement cueillis et remplir les bocaux à conserve de haricots en les tassant un peu.
- Verser la saumure froide sur les haricots jusqu'à ras bord.
- Fermer hermétiquement les bocaux. Les mettre à l'ombre, dans un endroit frais.

**L'astuce de Dame Nicole :** avant de déguster vos haricots, il faut les dessaler en les sortant la veille et en les mettant à tremper dans l'eau. Pour que vos haricots arborent une belle couleur verte, il suffit de les plonger dans un bol d'eau glacée avant de les égoutter à nouveau. De cette façon, la chlorophylle qu'ils renferment est fixée et donne bonne mine à vos légumes.

# Le concombre, un croquant légume

SEMAINE 26

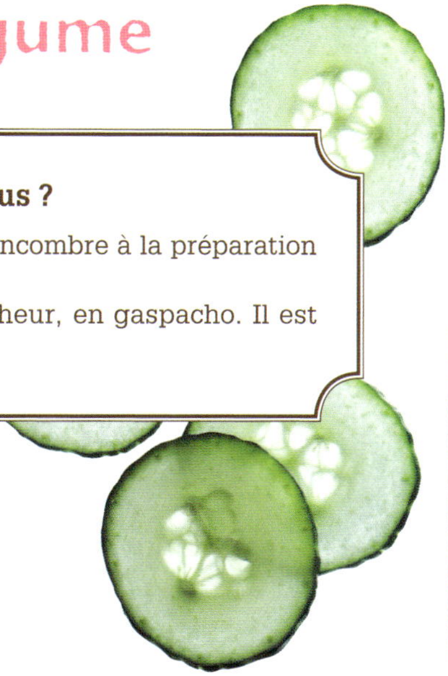

### Le saviez-vous ?

En Grande-Bretagne, on inclut le concombre à la préparation de soupes réconfortantes.
Les Espagnols raffolent de sa fraîcheur, en gaspacho. Il est aussi très prisé chez les Russes.

Ce long légume ne connaît vraiment le succès qu'au 17e siècle. Afin de satisfaire le roi Louis XIV, qui raffolait de potages à base de concombres, La Quitinie, en digne jardinier de Versailles, inventa la culture de ce légume sous serre. C'est d'ailleurs le mode de production le plus courant aujourd'hui, au détriment de la culture en plein champ.

Pas calorique, riche en eau, le concombre est le compagnon idéal d'un été frais et léger. Il contient des vitamines B, A, E. Avis aux estomacs bien accrochés : le jus de concombre consommé à jeun serait le meilleur des dépuratifs.

## Concombres marinés

- 2 concombres
- 10 cl de vinaigre de riz ou de vin blanc
- 1 cuillerée à café de graines de moutarde
- 1 cuillerée à café de poivre en grains
- 1 clou de girofle
- 2 piments thaïs frais
- ½ feuille de laurier
- 3 brins de thym
- 2 cuillerées à soupe de sel
- 5 cuillerées de sucre en poudre

- Couper les concombres dans le sens de la longueur. Les mettre dans les bocaux.
- Mélanger tous les autres ingrédients dans une casserole avec 25 cl d'eau et porter à ébullition. Ajouter le sucre. Remuer afin de le faire fondre.
- Verser cette préparation chaude dans le bocal.
- Mettre dans des bocaux. Stériliser les bocaux.
- Fermer immédiatement bien hermétiquement.

**L'astuce de Dame Nicole :** avant de fermer les bocaux, ajoutez une petite branche de menthe fraîche.

### Légende

D'après la Bible, la sagesse de Salomon, la force de Samson et le lyrisme de David seraient dus aux vertus du concombre…

# LIQUEURS

## Le cassis, l'élixir de vie !

**Le saviez-vous ?**

Contre les piqûres d'insectes (guêpe, frelon), froisser les feuilles de cassis, en exprimer le suc et frotter sur l'endroit douloureux. La douleur cesse très vite.

La célèbre crème de cassis fut inventée à Dijon au 19e siècle par la maison Lejay-Lagoute. C'est à partir des années 1970 qu'apparaît l'appellation « kir », du nom d'un chanoine, ancien maire de Dijon, qui fit du « blanc-cassis » la boisson officielle de ses réceptions à l'hôtel de ville.

Certains des pigments du cassis interviennent dans la formation du pigment actif de la rétine, contribuant ainsi à protéger l'œil des agressions lumineuses.

## Liqueur de cassis de « Jeanne et Pauline »

1 kg de cassis
10 feuilles de cassis
1 l d'eau-de-vie à 40 °-45 °
1 gousse de vanille
sucre semoule

- Laver les grappes de cassis avec une dizaine de feuilles par kilo de fruits. Égoutter au maximum.
- Égrener en passant les grappes à travers les dents d'une fourchette. Peser.
- Dans un bocal, mettre les baies et les feuilles avec l'eau-de-vie. Ajouter la gousse de vanille fendue en deux. Fermer le bocal. Laisser macérer pendant 2 mois.
- Au bout de ce temps, peser un poids de sucre semoule égal à la moitié du poids des fruits. Mettre ce sucre dans la bassine à confitures avec 25 cl d'eau par kilo. Faire cuire le sirop. Laisser refroidir.
- Tamiser le contenu du bocal. Enlever la gousse de vanille. Presser avec les mains pour exprimer tout le jus. Enlever les feuilles.
- Mélanger le sirop refroidi.
- Mettre en bouteille. Boucher hermétiquement.

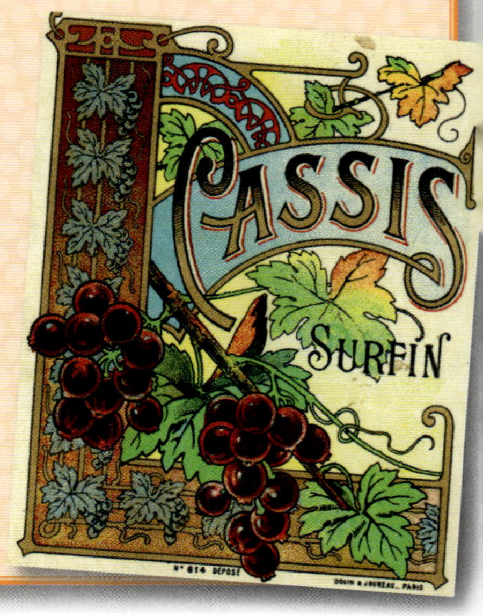

# Pêchers de gourmandise

« La pêche ! L'aliment des précieuses et des courtisanes ! » Giacomo Casanova (1725-1798)

**Le saviez-vous ?**

La pêche plate de Chine symbolise l'immortalité.

En Égypte ancienne, la pêche était le fruit préféré d'Harpocrate, dieu du silence. En France, au 16e siècle, on en dénombre plus de trente variétés dans les jardins de Louis XIV (dont les fameuses « Belle de Chevreuse » ou « Téton de Vénus »).

## Liqueur de pêches

8 pêches bien mûres
1 l d'eau-de-vie (40 °-45 °)
cannelle ou gousse de vanille
sucre

- Choisir des pêches bien mûres. Les essuyer avec un papier absorbant humide.
- Couper les pêches en deux, enlever les noyaux (garder les noyaux). Les déposer dans un bocal avec l'eau-de-vie et les noyaux.
- Fermer hermétiquement et laisser macérer 2 mois en remuant de temps en temps, une ou deux fois par semaine.
- Enlever les noyaux.
- Passer le tout dans un tamis ou une mousseline. Presser fermement à l'aide d'une écumoire.
- Récupérer le jus et préparer le sirop avec 700 g de sucre et 20 cl d'eau. Porter à ébullition, puis le laisser cuire au grand boulé, c'est-à-dire à 120 °C-125 °C.
- Retirer du feu et arrêter la cuisson du sirop en plongeant le fond de la casserole dans un bain d'eau froide. Remuer à l'aide d'un fouet.
- Mettre dans une bouteille, ébouillanter et laisser tiédir. Boucher hermétiquement.

# GOÛTEUX LÉGUMES DU SOLEIL

## La tomate, du soleil en bocal

La tomate est riche en vitamines A, C et E, en oligo-éléments, en minéraux, en potassium, en calcium, en phosphore et en magnésium.

La tomate est arrivée d'Amérique centrale au 16e siècle. Elle a gagné la confiance des Méditerranéens sous forme de sauces et de coulis avant de devenir à partir des années 1920 l'emblème des cuisines du Sud.

### Tomates séchées à l'huile

1,5 kg de petites tomates
huile d'olive vierge
laurier
1 cuillerée à soupe de gros sel

- Couper les tomates en deux. Extraire les pépins.
- Placer les tomates sur une plaque du four, la partie bombée vers le haut.
- Parsemer de gros sel et arroser d'un filet d'huile.
- Les faire sécher ainsi pendant 3 h, les sortir et les laisser refroidir.
- Remplir les bocaux ébouillantés et bien séchés jusqu'à 2 cm du bord.
- Ajouter une feuille de laurier dans chaque bocal.
- Verser l'huile d'olive sur les tomates qui doivent en être recouvertes.
- Fermer hermétiquement les bocaux.
- Mettre au frais à l'abri de la lumière.

**L'astuce de Dame Nicole :** pour chaque préparation, utilisez une bouteille 'huile d'olive qui n'a pas été ouverte.

# Le poivron aux couleurs vives !

SEMAINE 28

**Le saviez-vous ?**

Plus un poivron est mûr, plus il est rouge et donc plus il contient de ses précieux piments.

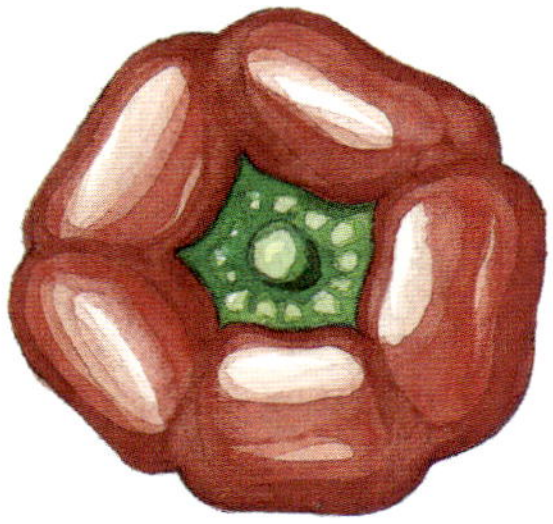

Le poivron contient des vitamines A, C, P et du carotène. Il est bon pour la mémoire ; c'est aussi un « anticancer ».

Le poivron doit être ferme et lisse, avec une peau brillante et tendue.

Le poivron est originaire d'Amérique centrale. Piments et poivrons sont arrivés en Europe au 16e siècle. Ce n'est qu'à partir du 18e siècle que leur culture s'est développée.

## Poivrons et céleri conservés à l'huile d'olive

poivrons verts, rouges et jaunes
branches de céleri
gousses d'ail
piment d'Espelette
1 l d'huile d'olive
gros sel

- Laver et essuyer les poivrons. Les couper en deux dans le sens de la longueur. Éliminer les grains et les filaments blancs. Couper leur chair en morceaux de 2 cm de long.
- Éplucher le céleri en branches. Briser le bout des branches, cela permet de tirer les fils.
- Peler les têtes d'ail, enlever les germes. Les hacher finement.
- Dans une passoire, mettre du papier absorbant ou un linge très fin. Déposer les morceaux de poivron et les saupoudrer de gros sel, juste ce qu'il faut.
- Laisser dégorger pendant 2 jours en mélangeant de temps à autre.
- Remplir un bocal préalablement ébouillanté et bien séché avec les divers ingrédients, en les disposant en couches successives : poivrons verts, jaunes, rouges, ail, céleri, piment.
- Couvrir ensuite d'huile d'olive à hauteur. Recommencer de la même manière, jusqu'à ce que le bocal soit rempli.
- Laisser mariner quelques jours en retournant le bocal de temps en temps. L'huile doit recouvrir les ingrédients.

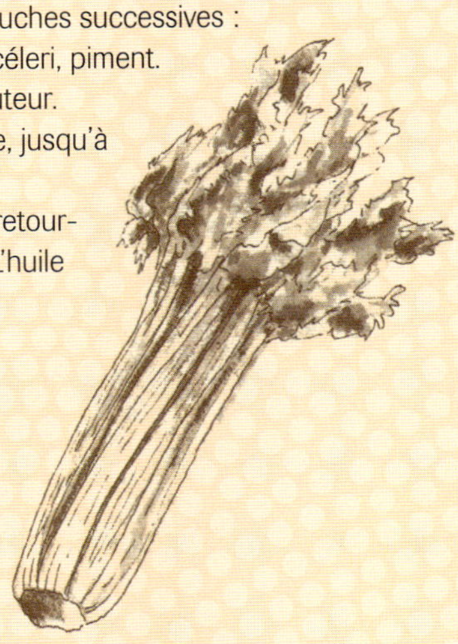

**L'astuce de Dame Nicole :** vous pouvez ajouter des aubergines légèrement cuites à l'eau et coupées en fines lamelles ainsi que des tomates vertes coupées en rondelles.

# TOMATES À TOUTES LES SAUCES

➕ La tomate aurait une action préventive contre le développement de certains cancers, comme celui de la prostate et celui du poumon.

## Coulis de tomates

### *La tomate pur jus*

5 kg de tomates
5 oignons
1 gousse d'ail (facultatif)
3 poivrons rouges
2 piments forts
1 piment d'Espelette
1 feuille de laurier
4 brins de persil
5 feuilles de basilic
3 cuillerées à soupe d'huile d'olive
poivre, sel

- Laver et essuyer les tomates coupées en gros morceaux. Les mettre dans une bassine ou un faitout.
- Ajouter les oignons épluchés, l'ail, les poivrons, les piments épépinés, une bonne pincée de piment d'Espelette, le laurier, le persil, le basilic, le poivre, le sel et l'huile d'olive.
- Faire démarrer à feu vif, puis laisser mijoter 45 min en remuant de temps en temps.
- Passer au moulin à légumes ou mixer.
- Mettre le coulis dans les bocaux.
- Pour stériliser, mettre les bocaux dans une grande bassine remplie d'eau froide et compter 20 à 30 min environ après l'ébullition.

**L'astuce de Dame Nicole :** ajoutez, pour relever le goût, deux cuillerées à café de concentré de tomates.

La première attestation de « tomate » en français date de 1598 dans la traduction d'un ouvrage de José de Acosta. Le mot « tomate » n'est entré dans le dictionnaire de l'Académie française qu'en 1835.

# Ketchup aux épices maison

1 kg de grosses tomates
1 poivron rouge
1 tranche de melon
20 cl de cidre
1 cuillerée à soupe de vinaigre de cidre
100 g de miel
1 pincée de noix de muscade en poudre
1 cuillerée à soupe de paprika
1 cuillerée à café d'origan
des brindilles de thym
½ bâton de cannelle
1 cuillerée à café de grains de poivre
un peu de Tabasco
1 cuillerée à café de sel
2 clous de girofle
1 petite gousse d'ail
1 pointe de safran

- Rincer les tomates et le poivron.
- Émonder les tomates en les plongeant 2 min dans de l'eau chaude. Égoutter et retirer la peau, les couper et enlever les graines.
- Hacher grossièrement le poivron. Retirer la partie blanche et les graines. Détailler en petits morceaux.
- Dans une marmite, mettre les dés de poivrons, les tomates hachées, le melon.
- Ajouter le cidre, le vinaigre, le miel, le sel, la noix de muscade, le paprika, l'origan, les clous de girofle, l'ail, le safran et le thym.
- Mettre dans un nouet de mousseline le demi-bâton de cannelle et les grains de poivre. L'ajouter dans la marmite.
- Faire cuire à feu doux et à couvert 1 h à 1 h 20 environ, en mélangeant régulièrement.
- Ôter la mousseline.
- Passer la préparation au mixer afin d'obtenir une consistance très fine.
- Mettre dans les bocaux. Fermer hermétiquement.
- Faire chauffer de l'eau bouillante dans une grande bassine. Disposer les bocaux en les séparant avec un torchon et stériliser pendant 10 à 15 min.

**L'astuce de Dame Nicole :** il est préférable d'enlever les pépins des tomates et du poivron, afin d'obtenir un ketchup bien homogène.

# LES ABRICOTS, GOURMANDISES D'ÉTÉ

**Le saviez-vous ?**

L'huile extraite du noyau d'abricot est un produit de beauté précieux. Elle assouplit et revitalise les épidermes secs.

Très riches en vitamine A, les abricots sont recommandés aux enfants et aux convalescents.

## Pâte de fruits à l'abricot « mon Lutin »

*Mon p'tit carré d'paradis*

500 g d'abricots
500 g de sucre cristallisé
huile neutre pour le moule

- Laver et essuyer les abricots. Les couper en deux. Les dénoyauter.
- Mettre les abricots dans une casserole recouverte d'eau froide à hauteur. Porter à ébullition pendant 15 min. Les abricots doivent être tendres.
- Passer au mixer et peser. Ajouter le même poids en sucre cristallisé.
- Reverser ce mélange dans une casserole à fond épais, et faire cuire 20 min environ, à feu doux, en remuant avec une spatule.
- Lorsque la pâte de fruits épaissit, elle se détache de la paroi de la casserole et commence à former une boule (elle doit se décoller). La verser dans un moule préalablement huilé au pinceau de 3 cm de hauteur carré, afin d'obtenir une pâte de 2 cm d'épaisseur.
- Laisser sécher au sec et au frais pendant plusieurs jours.
- Découper la pâte en carrées, et la rouler dans le sucre cristallisé dans une assiette creuse.

# Confiture d'abricots au nougat et aux amandes

1,1 kg d'abricots « Bergeron » mûrs
650 g de sucre cristallisé
200 g de miel d'acacia (ou de bourrache ou de châtaignier)
le jus de deux oranges
le jus d'un petit citron
2 pointes de couteau de zeste très finement râpé d'une orange non traitée
100 g d'amandes effilées
100 g de pistaches émondées et hachées

**La veille**

- Laver les abricots, les essuyer. Les couper en deux et les dénoyauter.
- Dans un saladier, mettre les abricots, le sucre, le miel, le jus d'orange, le citron, le zeste d'orange.
- Couvrir avec un film alimentaire et mettre au frais. Laisser macérer pendant 2 h.
- Verser la préparation dans un faitout et porter jusqu'à frémissements.
- La reverser dans le saladier, couvrir à nouveau d'un film alimentaire et réserver au frais pendant 1 nuit.

**Le lendemain**

- Verser la préparation dans un tamis, au-dessus d'un saladier, afin de récupérer le jus. Retirer la peau des abricots à demi confits.
- Récupérer le sirop des abricots dans le saladier et le mettre dans le faitout. Laisser cuire à feu vif ; le sirop va se concentrer à 100-105 °C au thermomètre à sucre (cela se voit aussi à l'œil).
- Ajouter les oreillons d'abricot, les amandes effilées et les pistaches hachées.
- Redonner un bon coup de bouillon de 5 min environ. Remuer doucement. Écumer délicatement.
- Vérifier la confiture en prenant une cuillerée de confiture sur une assiette ; si elle se fige, c'est bon.
- Mettre aussitôt dans des pots et fermer hermétiquement. Les retourner.

# CONDIMENTS AU VINAIGRE

## Le cornichon, le caviar du pâté !

Le cornichon provient de l'Inde et de la Chine.

### Cornichons au vinaigre

1 kg de cornichons
2 branches d'estragon
2 l de vinaigre blanc
10 petits oignons blancs
2 feuilles de laurier
2 brins de thym
clous de girofle
1 piment oiseau
10 grains de coriandre
200 g de gros sel
6 grains de poivre noir

- Frotter 1 kg de cornichons avec un torchon de cuisine épais ou une éponge grattante pour enlever le duvet piquant.
- Les mettre dans une terrine. Ajouter le gros sel. Bien mélanger et laisser mariner pendant 4 h.
- Laver les cornichons à l'eau vinaigrée. Les essuyer un par un et les répartir dans des bocaux.
- Laver deux branches d'estragon, les essuyer et les ajouter aux cornichons. Éplucher les oignons blancs, les répartir avec les feuilles de laurier émiettées, le thym, les clous de girofle, le piment oiseau découpé en petits morceaux, le poivre noir et la coriandre. Couvrir avec le vinaigre blanc.
- Fermer les bocaux hermétiquement. Les secouer avant de les retourner. Mettre au frais.
- Oubliez-les quelque temps, ils n'en seront que meilleurs.

**L'astuce de Dame Nicole :** récoltez les cornichons encore jeunes, lorsqu'ils atteignent 5 à 8 cm de long, tôt le matin par beau temps. Si vous souhaitez en confire, laissez-les passer une journée au soleil, pour les attendrir un peu ; ainsi, ils s'imprègnent mieux du sel.
Pour adoucir le vinaigre, faites-le bouillir afin d'enlever un peu de son acidité et versez-le froid sur les cornichons ; ils resteront bien croquants.

# Le maïs, un vrai délice

## Condiment au maïs doux

7 épis de maïs doux
2 poivrons rouges ou verts
1 carotte
½ cœur de céleri branche
2 oignons
150 g de sucre blanc
25 cl de vinaigre de cidre
10 grains de poivre blanc
sel

- Débarrasser chaque épi de maïs de son enveloppe et de ses bardes. Le mettre dans une casserole d'eau froide salée, ajouter une cuillerée à café de sucre. Porter à ébullition et laisser cuire pendant 5 min.
- Égoutter, laissez refroidir, puis égrener le maïs.
- Couper les poivrons. Enlever les graines et les nervures blanches. Les couper en dés.
- Peler et hacher la carotte grossièrement avec le céleri branche et les oignons.
- Dans une casserole, verser le vinaigre de cidre avec 25 cl d'eau. Porter à ébullition.
- Ajouter le reste de sucre, les grains de poivre, les légumes. Couvrir et laisser cuire 25 min à feu doux.
- Répartir la préparation dans les bocaux préalablement ébouillantés et séchés. Laisser tiédir et fermer hermétiquement.
- Mettre dans un endroit frais, à l'abri de la lumière.
- Ne pas déguster avant un bon mois.

### Symbolisme

Dans les cultures mexicaines, le maïs est l'expression du soleil, du monde et de l'homme. Il est le symbole de la prospérité considérée dans son origine : la semence.

# LA FIGUE, LA REINE DE L'ÉNERGIE

Les figues sont riches en vitamines B3, K, B12, A, B5 ainsi qu'en fibres, en calcium, en fer, en potassium, en phosphore et en magnésium. Elles favorisent le transit intestinal.

**Le saviez-vous ?**

Platon raffolait à tel point des figues qu'on lui donna le nom de Philosicos, l'« amateur de figues ».

**Passion**

François Honoré, producteur passionné installé à Graveson, près de Saint-Rémy-de-Provence, a déjà réuni plus de cent cinquante variétés de figues en parcourant le monde. À découvrir.

# Figues confites à l'eau-de-vie de « Nicolas »

800 g de petites figues d'automne, de préférence noires
800 g de sucres mélangés blancet blond
zestes d'orange
le jus d'une orange
20 cl d'eau-de-vie ou de whisky
1 graine de badiane étoilée

La veille

- Prélever les zestes d'orange et les couper finement.
- Inciser la base de chaque figue en croix.
- Dans une casserole large, faire un sirop avec le même poids d'eau que de sucre.
- Lorsque le sirop est à ébullition, le verser sur les figues.
- Ajouter le jus d'orange, la badiane et quelques zestes d'orange.
- Mettre dans une sauteuse et laisser cuire à frémissements pendant 1 h environ.
- Retourner les figues une à une délicatement, et laisser frémir pendant 1 h environ. Surveiller. Faire attention que les figues restent entières.
- Les mettre à égoutter sur une grille et placer un récipient en dessous afin de récupérer le sirop.
- Laisser un peu tiédir, et remettre les figues dans la sauteuse.
- Porter à ébullition le jus de sirop récupéré et le faire bouillir pendant 5 à 6 min environ.
- Laisser reposer une nuit dans un endroit frais après avoir recouvert les figues d'un linge.

Le lendemain

- Remettre les figues à cuire pendant 1 h 40 à 2 h sur feu doux. Ajouter l'eau-de-vie ou le whisky.
- Mettre délicatement les figues dans un bocal ébouillanté et les recouvrir de sirop (la consistance du sirop doit être bien épaisse).
- Laisser refroidir, ne pas fermer les pots, mettre un linge dessus.
- Le jour suivant, vérifier que les figues n'ont pas rendu d'eau. Si c'est le cas, refaire cuire un peu très doucement.
- À écarter de toutes pensées gourmandes pendant un bon mois !

**L'astuce de Dame Nicole :** mettez un triangle d'écorce de citron dans la base de chaque figue incisée en croix. Préférez les figues de Solliès.

Louis XIV était un grand amateur de figues. La Quintinie, son jardinier, planta plus de sept cents figuiers de diverses variétés dans le potager du Roi au château de Versailles pour satisfaire la passion du Roi-Soleil.

# CAPUCINE ET ÉCHALOTES AU VINAIGRE

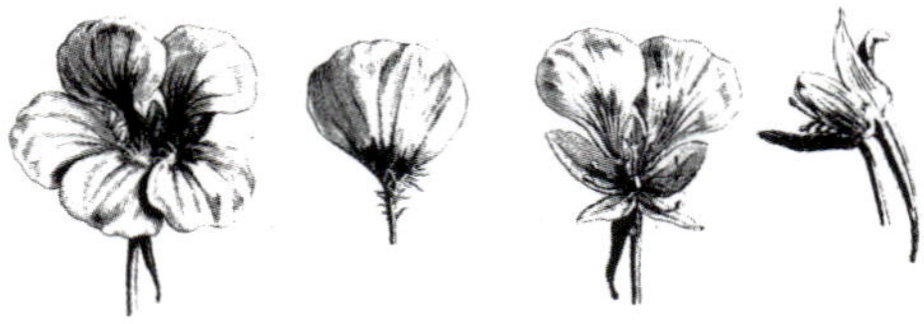

## Capucine aux mille vertus

On dit que les petits lutins se seraient parés d'une fleur de capucine de couleur écarlate sur la tête pour se protéger contre le soleil et la pluie !

**Le saviez-vous ?**

L'éperon de la fleur de capucine rappelle le capuchon de l'habit de moine, ce qui donne à penser que son nom serait dérivé de celui des moines capucins.

Originaire du Pérou, la capucine a été introduite en France à l'époque de Louis XIV. Elle est alors connue sous le nom de « cresson du Pérou ».

### Graines de capucine au vinaigre

250 g de graines de capucine
2 gousses d'ail
4 belles échalotes
4 clous de girofle
30 cl de vinaigre de vin blanc
100 g de gros sel de mer
1 cuillerée à café de grains de poivre noir

- Dans un grand saladier, mettre les graines de capucine avec le sel. Mélanger. Laisser macérer pendant 24 h en remuant de temps en temps.
- Verser les graines dans une passoire et les rincer abondamment. Laisser égoutter.
- Éplucher les gousses d'ail (enlever le germe) et les échalotes.
- Mettre les graines de capucine dans un bocal. Ajouter les échalotes entières, les clous de girofle, l'ail.
- Verser le vinaigre dans une casserole et porter à ébullition. Laisser refroidir. Mettre dans le bocal de façon à recouvrir les graines de capucine.
- Boucher hermétiquement et laisser macérer pendant 2 ou 3 jours.
- Reverser le vinaigre dans une casserole et le porter de nouveau à ébullition puis laisser refroidir. Reverser sur les graines de capucines. Ajouter le poivre. (Le vinaigre doit couvrir les capucines.)

# L'échalote, source de potassium

L'échalote viendrait du sud-ouest de l'Asie, du bassin méditerranéen et du Proche-Orient. En France, on la retrouve sous Charlemagne.

L'échalote contient des vitamines A, B6, C, ainsi que du phosphore, du magnésium, du potassium, du fer et des antioxydants.

## Échalotes au vinaigre de « mon Pépé »

700 g de petites échalotes
50 cl de vinaigre balsamique
20 cl de vinaigre blanc
50 g de sucre candi
1 clou de girofle
grains de genièvre
4 grains de poivre blanc
des brindilles de thym
1 feuille de laurier

- Éplucher les échalotes, les mettre dans une casserole et les blanchir.
- Dans une casserole, mettre les vinaigres, le sucre et les épices. Couvrir, laisser cuire pendant 10 min.
- Dans les bocaux préalablement ébouillantés, mettre le thym et le laurier. Ajouter les échalotes et verser le vinaigre chaud épicé.
- Fermer hermétiquement les bocaux et les ranger à l'abri de la lumière dans un endroit frais.
- Laisser macérer pendant 3 mois.

**L'astuce de Dame Nicole :** pour apporter un autre arôme et de la couleur, j'ajoute trois cuillerées à café de sirop de grenadine.

# L'AUBERGINE, UNE MINE D'OR !

### Le saviez-vous ?

L'aubergine est un légume voyageur qui nous vient d'Inde, et qui apparaît chez nous au 16e siècle, époque à laquelle on la considère comme une plante ornementale vénéneuse.

**+** L'aubergine est riche en minéraux, en magnésium, en potassium, en zinc et en fibres. Elle contient des vitamines B1 et B6. Elle est réputée pour ses vertus sur nos artères. Sa pelure a un fort pouvoir antioxydant.

### Le saviez-vous ?

Au Moyen-Orient, on appelle l'aubergine le « caviar des pauvres ».

## Aubergines confites à l'huile

1 kg d'aubergines
2 gousses d'ail
15 cl d'huile d'olive
½ bâton de cannelle
170 g de miel
15 cl de vinaigre de Xérès
15 cl de vinaigre balsamique
4 pincées de sel
15 grains de poivre

- Rincer les aubergines, les essuyer dans un linge. Retirer le pédoncule et les éplucher. Les détailler en rondelles ou en bâtonnets.
- Éplucher l'ail.
- Dans une cocotte, faire chauffer l'huile d'olive et y ajouter les aubergines. Laisser cuire à feu vif. Ajouter un peu de sel, l'ail, les grains de poivre, le demi-bâton de cannelle ainsi que le miel. Mélanger.
- Verser le vinaigre de Xérès. Baisser le feu et laisser cuire jusqu'à frémissements pendant 8 à 9 min en remuant plusieurs fois.
- Verser le vinaigre balsamique dans la cocotte et mélanger délicatement.
- Porter à ébullition et retirer aussitôt du feu. Enlever le demi-bâton de cannelle
- À l'aide d'une cuiller, répartir la préparation dans des pots préalablement ébouillantés et séchés.
- Remplir une cocotte d'eau, mettre un linge entre les pots et faire stériliser pendant 10 min à gros bouillons.
- Ranger les bocaux à l'abri de la lumière et au frais. Ils se conservent pendant 4 à 6 mois.

# La ratatouille, l'emblème du Sud

## Ratatouille

600 g de tomates
700 g d'aubergines
500 g de courgettes
2 poivrons
250 g d'oignons
5 gousses d'ail (facultatif)
1 bouquet garni
noix de muscade en poudre
2 cuillerées à soupe d'huile d'olive
1 clou de girofle
1 branche de thym
sel, poivre

- Émonder les tomates en les mettant 3 min dans de l'eau bouillante.
- Éplucher et laver les aubergines, les couper en cubes.
- Dans une casserole d'eau salée, blanchir 5 min les courgettes et les aubergines. Les passer sous l'eau froide.
- Détailler en cubes les tomates, les poivrons, les courgettes et les aubergines.
- Faire revenir les oignons coupés en rondelles dans une poêle avec l'huile.
- Ajouter les cubes de légumes, l'ail haché, le bouquet garni, la noix de muscade, le clou de girofle. Saler et poivrer.
- Laisser mijoter 30 à 35 min environ sur feu doux. Couvrir.
- Ôter le bouquet garni. Vérifier l'assaisonnement.
- Répartir la ratatouille dans des bocaux préalablement ébouillantés et séchés. Ajouter un brin de thym.
- Fermer les bocaux hermétiquement et les stériliser dans une bassine. Mettre des torchons entre les bocaux pendant 2 h à 100 °C.
- Entreposer dans un endroit sec, à l'abri de la lumière.

# SUCCULENTES PRUNES

« Le bleu a certainement pâli depuis ce matin mais les reines-claudes, vertes hier sous leur poudre d'argent, ont toutes, ce soir une joue d'ambre. »
Colette, *Les Vrilles de la vigne*, 1908

Riche en sels de soude de potasse, en chaux de manganèse, en phosphore et en fer, en vitamines, la prune contient un sucre particulier, le sorbitol, connu pour stimuler la vésicule biliaire. Elle combat efficacement la plupart des troubles intestinaux.

## Reines-claudes à l'eau-de-vie

1 kg de reines-claudes
250 g de sucre
1 l d'eau-de-vie à 40 °-45 °

- Laver rapidement à l'eau froide les fruits et les essuyer immédiatement.
- Les piquer avec une grosse aiguille en trois ou quatre endroits.
- Dans une bassine à confitures, préparer un sirop avec le sucre et 5 cl d'eau.
- Porter à ébullition et maintenir celle-ci pendant 2 min. Y plonger les reines-claudes et bien mélanger pour qu'elles s'enrobent entièrement du sirop.
- Les sortir du sirop avec une écumoire et les mettre dans les bocaux.
- Laisser refroidir complètement, puis verser 1 l d'eau-de-vie.
- Fermer les bocaux hermétiquement.

**Le saviez-vous ?**

Les fruits adaptent leur respiration en fonction de la chaleur ou du pluviomètre.

C'est depuis la fin du 19e siècle que les alambiquiers de Lorraine distillent les mirabelles pour en faire la célèbre eau-de-vie. La ville de Metz célèbre la mirabelle chaque année en organisant une splendide fête depuis 1947.

Source de vitamine A, la mirabelle protège la peau de l'intérieur. Elle contient aussi de la vitamine B, des minéraux, des oligoéléments, du potassium, du phosphore, du magnésium, du fer, du cuivre, du manganèse, du zinc, du cobalt, de l'iode, du fluor, du nickel et du sélénium.

# Confiture de mirabelles et de quetsches d'Alsace à la cannelle

600 g de quetsches d'Alsace
600 g de mirabelles de Nancy
750 g de sucre cristallisé
le jus d'un citron
2 bâtons de cannelle

**La veille**

- Laver rapidement les quetsches et les mirabelles à l'eau froide, les sécher, les couper en deux et enlever les noyaux.
- Dans un saladier, mélanger les fruits. Ajouter le sucre, le jus de citron et la cannelle.
- Laisser macérer pendant une bonne heure.
- Verser cette préparation dans un faitout. Porter à ébullition juste 1 min. La reverser dans un saladier.
- Couvrir d'un papier sulfurisé et mettre au frais pendant une nuit.

**Le lendemain**

- Porter à ébullition, maintenir la cuisson à feu vif pendant 5 à 6 min, remuer doucement.
- Écumer délicatement, redonner un bouillon, ôter les bâtons de cannelle.
- Vérifier la cuisson et mettre immédiatement la confiture dans des bocaux ébouillantés et bien séchés. Fermer hermétiquement.

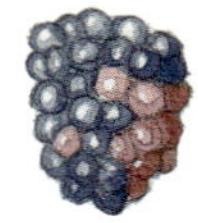

# LA MÛRE, LA PERLE NOIRE

« Tout ce qui est exquis mûrit lentement. »
Arthur Schopenhauer, *Aphorismes sur la sagesse dans la vie*, 1880

La mûre contient du potassium et de la vitamine C. Elle est dépurative et laxative.
Le jus de mûres est très efficace en cas d'enrouement.
Le thé de feuilles de mûres mélangées avec des feuilles d'autres plantes est utilisé pour soigner les maladies dues à des refroidissements.

## Sirop de mûres « Marie de Guersaliou »

1,2 kg de mûres
900 g de sucre
le jus d'un citron
800 g de sucre pour 50 cl de jus

- Trier et équeuter les mûres. Éviter de les rincer.
- Il faut d'abord piquer les mûres à l'aide d'une fourchette pour en extraire le jus.
- Mettre les mûres avec 5 cl d'eau dans une casserole. Faire chauffer doucement tout en continuant à les piquer. Les passer au moulin à légumes et verser la purée obtenue dans un saladier.
- Couvrir et laisser fermenter pendant 24 h au frais.
- Filtrer la préparation à travers une mousseline ou un chinois. Peser le jus recueilli.
- Mettre le jus dans une casserole et le porter à ébullition avec le sucre. Laisser bouillir environ 5 min. Remuer. Verser dans la bouteille ébouillantée.
- Boucher et conserver. Mettre au frais à l'abri de la lumière.
- Ce sirop se garde pendant 6 mois.

**Le saviez-vous ?**

La mûre, issue du mûrier, et la mûre sauvage, issue de la ronce, font partie des rosacées. Lorsque l'on mélange les mûres du mûrier et les mûres sauvages, cela s'appelle de la « muroise ». Le mûrier blanc est cultivé pour l'élevage du ver à soie.

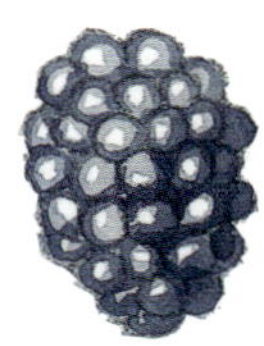

Cueillir les mûres le matin ; elles sont plus sucrées et se conservent plus longtemps.

# Confiture de mûres et de sureau « ma sœur Martine »

1 kg de mûres
300 g de sureau
le jus d'un citron
une pincée de cannelle en poudre
800 g de sucre cristallisé

**La veille**

- Passer les mûres légèrement sous un filet d'eau. Les essuyer dans un linge très légèrement humide, elles garderont ainsi leurs arômes.
- Dans un faitout, mettre les mûres, le sureau, le sucre cristallisé, le jus de citron, la cannelle. Porter à frémissements.
- Verser dans un saladier, couvrir d'un film alimentaire et réserver au frais toute la nuit.

**Le lendemain**

- Porter à ébullition en remuant tout doucement.
- Tenir la cuisson sur feu vif pendant 6 à 10 min sans cesser de remuer et en écumant délicatement si nécessaire.
- Redonner un bon coup de bouillon.
- Vérifier la confiture en mettant une petite cuiller sur une assiette froide. Si elle se fige, c'est bon !
- Mettre immédiatement dans des pots ébouillantés et bien séchés.
- Fermer hermétiquement, et retourner les bocaux.

**L'astuce de Dame Nicole :** mettre quelques graines de cardamome dans une mousseline que vous retirerez de la confiture ; cela rehausse le goût.

### Légende

Dans la mythologie grecque, la mûre serait née du sang répandu par les Titans lors de leurs guerres contre les dieux. Les Titans sont des divinités primordiales géantes qui ont précédé les dieux de l'Olympe. Ils étaient fils d'Ouranos et de Gaïa.

# OIGNONS

« Et ma soupe de mes oignons gratinée, c'est de la crotte de bique, alors ! »
*Colette, La Naissance du jour, 1928*

Pays de l'oignon, des échalotes, de l'artichaut, Tréflaouénan, en Bretagne, dans le Finistère Nord (le pays léonard), vient du breton treb « village » et de saint Laouénan ou Loëvan, disciple de saint Pol Aurélien.

## Confiture d'oignons de Tréflaouénan

1 kg d'oignons
1 cuillerée à café d'huile d'olive
2 verres de vin rouge
500 g de sucre
2 clous de girofle
1 pincée de noix de muscade

- Éplucher les oignons et les émincer finement. Les mettre dans une casserole avec l'huile d'olive, le sucre, les clous de girofle et la muscade. Faire cuire sur feu doux pendant 5 à 10 min.
- Ajouter le vin, mélanger et donner un coup de bouillon, puis poursuivre la cuisson à feu moyen pendant 30 min, toujours en remuant.
- Vérifier l'épaisseur de la préparation. Lorsque tout le liquide s'est évaporé, c'est prêt.
- Mettre la préparation encore chaude dans des pots ébouillantés et séchés.
- Fermer hermétiquement.

**L'astuce de mon pépé :** quand il ne pleuvait pas, il laissait les oignons sécher 2 ou 3 jours posés à même la terre, à Tréflaouénan, puis je les ramassais avec lui. Je l'aimais beaucoup.

# Petits oignons au vinaigre ambré

1 kg d'oignons blancs grelots
55 g de sucre en poudre
le jus d'un citron
4 grains de coriandre
2 brins d'estragon
1 gousse de piment (facultatif)
1 cuillerée à café de poivre de Sichuan (facultatif)
1 l de vinaigre de vin blanc
2 cuillerées à soupe rases de gros sel

- Éplucher les petits oignons.
- Verser 1 l d'eau dans une marmite. Ajouter le sel et le sucre en étalant bien au fond. Laisser reposer pendant 12 h.
- Ajouter les oignons, le jus du citron, la coriandre, le poivre de Sichuan, l'estragon et la gousse de piment.
- Couvrir d'un linge et laisser macérer pendant 24 h ou plus.
- Mettre les oignons à égoutter jusqu'à ce qu'ils soient secs. Répartir les ingrédients indiqués dans les bocaux.
- Introduire les oignons jusqu'à 3 cm du bord. Verser le vinaigre jusqu'à 2 cm du bord. Les oignons doivent être recouverts de vinaigre de plus de 1 cm.
- Fermer hermétiquement les bocaux préalablement ébouillantés.
- Les oublier pendant 3 ans, voire 5 ans.
- En faire tous les ans et les dater.

Les oignons sont riches en potassium, en phosphore, en calcium, en sélénium, en manganèse, en cobalt et en vitamines A, B, C, E, P.

L'oignon est connu dès l'Antiquité. Il provient sans doute d'une espèce sauvage d'Asie occidentale. Il est aussi très apprécié des Égyptiens, des Grecs, des Gaulois et des Romains. Il n'a jamais cessé d'être utilisé.

AUTOMNE

# FRUITS À L'ALCOOL

## La mirabelle, la reine des prunes

La mirabelle fut introduite par saint Nicolas selon la légende, importée par les Romains lors de leur occupation gauloise pour certains historiens, par le duc d'Anjou au 15e siècle ou encore par René II pour d'autres…

### Mirabelles à l'eau-de-vie « Laurence et Maryse »

1 kg de mirabelles
1 bâton de cannelle
250 g de sucre en poudre
1 l d'eau-de-vie à 40 °

- Rincer, égoutter et essuyer les mirabelles. Couper les queues de moitié avec des ciseaux.
- Répartir les fruits dans deux bocaux ébouillantés et bien séchés.
- Ajouter un demi-bâton de cannelle par bocal. Recouvrir d'eau-de-vie et laisser macérer pendant 20 jours.
- Au bout de 20 jours, mettre autant de sucre que d'eau dans une casserole. Porter à ébullition. Dès obtention d'un sirop transparent, retirer du feu et laisser refroidir.
- Filtrer l'eau-de-vie dans une passoire en laissant les fruits dans le bocal.
- Faire cuire le sirop et reverser dans les bocaux. Les fruits doivent être impérativement recouverts. Fermer hermétiquement.
- Stériliser dans une bassine pendant 30 min à 100 °C en séparant les bocaux avec des torchons. Laisser refroidir.
- Laisser reposer pendant un bon mois dans un endroit à l'abri de la lumière et au frais.

# Des fruits rouges à l'alcool

**Une métaphore**

Comment expliquer l'engouement pour cette fameuse confiture ? Ce serait comment expliquer une amitié : « Parce que c'était lui, parce que c'était moi », disait Montaigne (1533-1592) pour évoquer les liens qui l'unissaient à La Boétie !

## Confiture de vieux garçon aux fruits rouges

**Pour un bocal de grande contenance**

- 300 g de fraises
- 300 g de cassis
- 300 g de cerises
- 300 g de framboises
- 300 g de groseilles
- 1,25 kg de sucre semoule
- 1 l d'eau-de-vie blanche à 40°

- Au fil de l'été, remplir le bocal avec les fruits rouges de saison afin de créer, à partir de ces couches successives, une confiture de fruits rouges.
- Essuyer délicatement les fraises et les équeuter. Mettre les fraises dans le bocal. Ajouter 250 g de sucre et un peu d'alcool de telle sorte que les fruits soient recouverts. Fermer le pot en attendant que les autres fruits mûrissent.
- Le conserver dans un endroit sombre et frais.
- Laver et essuyer les cerises, les équeuter et les mettre dans le bocal. Ajouter 250 g de sucre et un peu d'alcool. Fermer le pot en attendant que les autres fruits mûrissent. Le conserver dans un endroit sombre et frais.
- Mettre les framboises dans le bocal et ajouter 250 g de sucre et un peu d'alcool. Fermer le pot en attendant que les autres fruits mûrissent. Le conserver dans un endroit sombre et frais.
- Trier les cassis, les mettre dans le bocal. Ajouter 250 g de sucre et un peu d'alcool. Fermer le pot en attendant les groseilles et le conserver dans un endroit sombre.
- Laver et essuyer les groseilles, les égrapper avec une fourchette et ajouter les grains dans le bocal avec 250 g de sucre. Recouvrir d'alcool entièrement et fermer le bocal hermétiquement.
- Conserver ce bocal 3 mois dans un lieu sombre, frais et sec avant de consommer cette confiture.

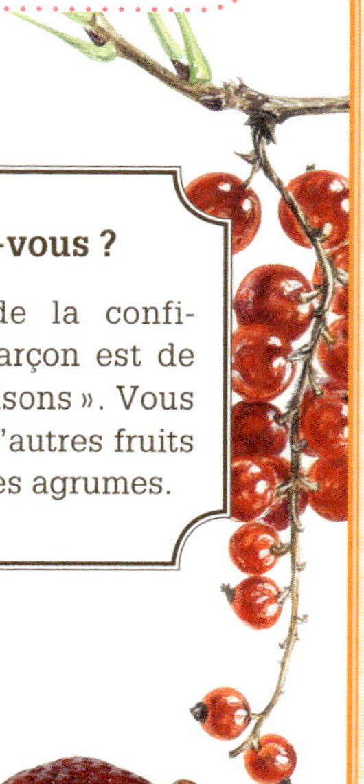

**Le saviez-vous ?**

La spécialité de la confiture de vieux garçon est de « suivre les saisons ». Vous pouvez ajouter d'autres fruits de saison sauf des agrumes.

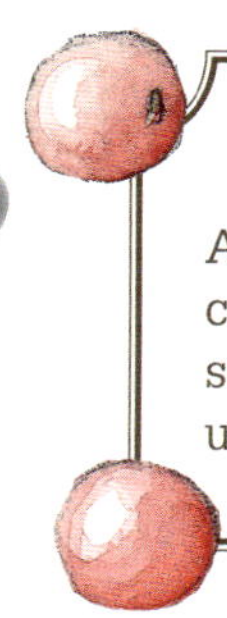

**Le saviez-vous ?**

Au moment des fêtes, cette confiture est très appréciée servie en fin de repas dans un petit verre à liqueur.

# CONFITURES ET GELÉES

## La tomate verte, elle n'a pas osé rougir

La tomate provient d'Amérique du Sud. Elle fut introduite en Europe au début du 16e siècle par les Espagnols d'abord, puis en Italie, par Naples, et, plus tard, en France, par la Provence.

La tomate a été pendant longtemps appelée « pomme d'amour » ou « pomme d'or ».

### Confiture de tomates vertes d'automne de « Béatrice P. »

750 g de chairs de tomate, soit environ 8 tomates
750 g de sucre cristallisé
un peu de quatre-épices
un peu de cannelle
un peu de vanille liquide

- Couper les tomates en quartiers. Les mettre dans une marmite avec très peu d'eau, laisser compoter pendant 15 min jusqu'à ce qu'elles deviennent moelleuses. Remuer afin qu'elles n'adhèrent pas. Les mixer.
- Ajouter le sucre petit à petit en pluie sur les tomates et les épices.
- Cuire à gros bouillons pendant 15 min tout en remuant.
- Remplir les pots ébouillantés et séchés avec la confiture chaude. Fermer hermétiquement.
- Retourner les pots sur un linge pendant 24 h.

# Le sureau, un concentré de champagne !

« Si Dieu le veut,
un malade, rien que
de toucher du sureau,
se porte mieux. »

## Gelée de sureau noir « Marie de Sambucy »

1,5 kg de baies de sureau rouge
750 g de sucre

- Laver les baies de sureau, les égoutter soigneusement dans un linge propre.
- Dans une casserole, mettre les baies avec 30 cl d'eau et porter à ébullition.
- Couvrir la casserole, poursuivre la cuisson pendant 7 à 10 min sur feu moyen afin de faire éclater les baies de sureau.
- Verser le mélange dans un tamis recouvert d'une mousseline et laisser égoutter dans un saladier pendant 12 h.
- Presser les baies de sureau avec le dos d'une écumoire afin d'en retirer le jus.
- Prendre 1 l de ce jus et le verser dans une bassine à confitures, ajouter le sucre.
- Porter le tout à ébullition, laisser cuire sur feu moyen pendant 30 min. Pendant la cuisson, prendre soin de mélanger fréquemment et doucement à l'aide d'une spatule en bois. Écumer si nécessaire.
- Vérifier la cuisson en déposant un peu de gelée sur une assiette froide ; elle doit se figer rapidement, sinon continuer un peu la cuisson.
- Mettre immédiatement dans des bocaux préalablement ébouillantés et séchés.
- Fermer hermétiquement.

**Le saviez-vous ?**

Les Anglais plantent un sureau lorsqu'ils s'installent dans leur nouvelle demeure.

Le sureau noir est riche en protéines ; c'est aussi un sudatif, laxatif et antigrippe. Avec la fleur, on parfume le lait, le vinaigre ou on la fait sécher pour la consommer en tisane.

On racontait autrefois que Judas s'était pendu à un arbre de sureau après avoir trahi le Christ !

# POIRES EN BOCAUX

« Le sein est une pomme dans une poire où pointe un grain de raisin. Le sein est le maximum du fondu : tous les fruits en un. »
Malcolm de Chazal (1902-1981)

La poire contient des glucides, des protéines, du magnésium, du potassium ainsi que les vitamines B1, B2, B5, B6, B9, B12.

## Poires au sirop « Véronique Robine »

1,5 kg de poires
520 g de sucre
1 gousse de vanille fendue en deux (ou 1 bâton de cannelle)

- Éplucher les poires et les couper en quartiers, en ôtant le cœur et les pépins.
- Dans une grande casserole d'eau, plonger les quartiers de poires et la gousse de vanille (ou la cannelle).
- Faire blanchir 2 à 3 min dans une eau frémissante. Rafraîchir sous l'eau froide.
- Répartir les fruits dans des bocaux préalablement ébouillantés. Bien serrer les quartiers en cuisant, ils se tassent.
- Pour faire un sirop, mettre dans une casserole 55 cl d'eau et le sucre, puis mélanger à l'aide d'une spatule en bois. Porter à ébullition sans cesser de remuer. Faire bouillir pendant 2 min.
- Verser le sirop bouillant sur les poires ; elles doivent en être bien recouvertes.
- Fermer les bocaux hermétiquement. Faire stériliser dans une bassine remplie d'eau pendant 25 à 30 min.

La tradition rapporte que les souverains venant se faire sacrer à Reims recevaient en cadeau une poire et une coupe de champagne. Louis XV et même Marie-Louise en furent gratifiés. Charles X en dégusta également lors de son sacre en 1825 tandis que le maire de Reims lui disait : « Nous vous offrons ce que nous avons de meilleur : nos vins, nos poires et nos cœurs. »

# Poires au vin rouge, à la vanille et à la cannelle

1,9 kg de poires williams
1 l de vin rouge
1 petit verre de Martini rouge
10 cl de vinaigre de vin
1,3 kg de sucre en poudre
1 bâton de cannelle
1 gousse de vanille fendue dans le sens de la longueur
6 clous de girofle
un peu de noix de muscade
1 l d'eau-de-vie à 40 °

- Éplucher les poires, les laisser entières avec la queue.
- Dans une casserole, porter à ébullition le vin rouge, le Martini avec le vinaigre, le sucre, les bâtons de cannelle, la gousse de vanille et quatre clous de girofle. Laisser frémir ce mélange pendant 8 min.
- Mettre les poires à pocher dans ce sirop au vin pendant 20 min. Elles doivent être fondantes à cœur.
- Égoutter les poires sur une grille. Placer un récipient dessous afin de récupérer le sirop.
- Faire bouillir le sirop de moitié. Filtrer et laisser refroidir.
- Mettre les poires dans deux bocaux préalablement ébouillantés et séchés.
- Verser le sirop tiédi et l'eau-de-vie sur les poires. Elles doivent être bien couvertes. Ajouter un clou de girofle par bocal.
- Fermer les bocaux hermétiquement.
- Secouer doucement les bocaux pour bien mélanger le sirop à l'eau-de-vie.
- Mettre dans un endroit frais à l'abri de la lumière.
- Les poires se conservent pendant un an.

# L'OLIVE, LES SAVEURS DU SOLEIL

« Olive, une est de l'or, deux de l'argent et la troisième tue. »

## Olives à la sicilienne de « Fabienne, Frédéric et Martin »

500 g d'olives vertes, noires, rosées de Nice conservées dans l'huile ou la saumure
les zestes d'une orange et d'un citron non traités débités en minces rubans
1 feuille de laurier
noix de muscade râpée
un peu d'origan
1 cuillerée à soupe de graines de fenouil
10 gousses d'ail, épluchées et coupées en deux
1 cuillerée à soupe de thym frais haché
huile d'olive
2 cuillerées d'huile de noisette
5 grains de poivre de Sichuan ou blanc

- Égoutter les olives, puis les mélanger soigneusement dans un saladier avec les zestes d'agrumes, la feuille de laurier, la noix de muscade, les grains de poivre de Sichuan, l'origan, les graines de fenouil, l'ail, le thym.
- Dans un bocal, mettre au fond des olives de même couleur, recouvrir de rondelles d'agrumes, puis une autre variété d'olives et recouvrir de rondelles d'agrumes, et ainsi de suite. Faire un ensemble joli à l'œil en vous amusant.
- Recouvrir d'huile d'olive et ajouter deux cuillerées à soupe d'huile de noisette.
- Entreposer doucement et laisser macérer pendant 1 mois, voire plus.

SEMAINE 41

**Le saviez-vous ?**

Le nom de la tapenade vient de l'appellation provençale des câpres (*tapenos*) et fut inventé, en même temps que la recette, par un chef marseillais du siècle dernier.

L'olive est excellente sur le plan cardio-vasculaire grâce à sa teneur en vitamines A, E et en acides gras. Elle permet aussi de lutter contre le cancer du sein.

La tapenade est une recette de cuisine provençale, comtadine et niçoise, principalement constituée d'olive broyées, d'anchois, de câpres et d'huile d'olive (*tapena* en occitan.)

# Tapenade marseillaise

## Idéal pour l'apéritif

3 gousses d'ail
3 anchois dessalés
80 g de câpres
185 g d'olives dénoyautées
30 cl d'huile d'olive
le jus d'un citron
sel, poivre
1 pincée de piment d'Espelette
un peu de noix de muscade râpée

- Éplucher l'ail et retirer le germe. Écraser au pilon.
- Nettoyer les anchois et ôter les arêtes.
- Dans un bol mixeur, déposer les câpres, les anchois, les olives, le piment d'Espelette, la noix de muscade et l'ail. Mixer, puis verser un filet l'huile d'olive doucement pour obtenir une texture lisse et fine.
- Ajouter le citron. Poivrer et saler.
- Remplir des bocaux ébouillantés et bien séchés avec la tapenade, puis verser un petit filet d'huile dessus. Fermer hermétiquement.
- Mettre dans un endroit frais, à l'abri de la lumière.

**L'astuce de Dame Nicole :** vous pouvez ajouter un peu de marc de Provence ou du cognac. La tapenade se conserve très bien au frais si elle est recouverte d'huile d'olive et d'un filet de citron.

# MERVEILLEUSES NOIX

Superstition
Ne pas dormir sous un noyer : les racines du noyer sécrétant un composé toxique pour les autres plantes, le juglon vous donnera mal à la tête si vous restez trop longtemps.

Le terme « noix » est apparu au 12e siècle dans la langue française.
Le noyer commun (noyer de Perse) est originaire d'Asie centrale. Ce sont principalement les Romains qui ont dynamisé sa culture en Europe. La noix était considérée comme un produit de luxe et elle était même parfois utilisée comme moyen de paiement au Moyen Âge ! Le commerce de l'huile de noix s'est intensifié au 18e siècle.

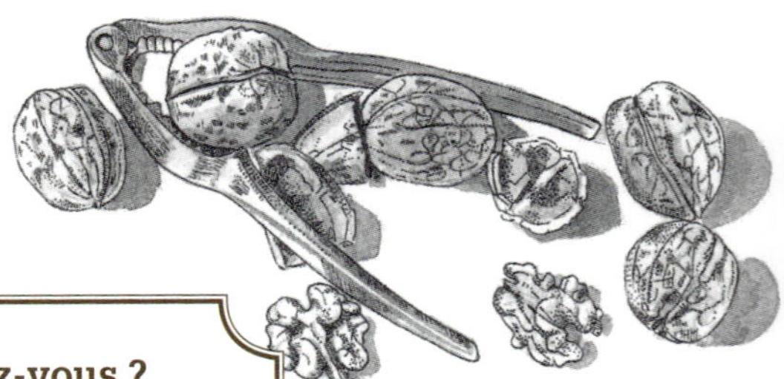

**Le saviez-vous ?**

Un cultivateur de noix s'appelle un « nuciculteur ». Un verger de noyers s'appelle une « noyeraie ».

## Le saviez-vous ?

En Gascogne, lorsqu'un jeune homme demandait la main d'une jeune fille, il était invité à partager le repas familial. Si, à la fin, on lui présentait des noix, cela signifiait que sa demande était rejetée.

La noix est très énergétique. Elle est recommandée aux personnes qui doivent surveiller leur cholestérol. Elle est riche en lipides, en magnésium, en fibres et en vitamines B, E. Sa consommation permet également de limiter le risque d'accident cardio-vasculaire.

# Confiture de noix et de châtaignes

1 kg de châtaignes
800 g de sucre cristallisé
1 gousse de vanille
100 g de cerneaux de noix fraîches

La veille

- Faire une incision profonde dans les châtaignes à l'aide d'un couteau pointu. Les plonger dans de l'eau bouillante 3 min environ. Retirer l'écorce et la seconde peau.
- Dans une bassine à confiture, mélanger le sucre, 35 cl d'eau, les châtaignes et la gousse de vanille fendue en deux dans la longueur. Porter à ébullition pendant 15 min environ tout en remuant délicatement.
- Lorsque les châtaignes seront tendres, verser dans un saladier et couvrir d'un papier sulfurisé. Mettre au frais pendant une nuit.

Le jour même

- Briser les cerneaux de noix et ôter la petite peau.
- Verser les châtaignes dans la bassine. Porter à ébullition tout en remuant. Écraser, à l'aide de la spatule, les plus gros morceaux de châtaignes. Enlever la gousse de vanille, et passer au mixeur.
- Remettre la purée de châtaignes à cuire et ajouter les cerneaux de noix. Maintenir la cuisson à feu doux pendant 10 min environ.
- Retirer la gousse de vanille. Redonner un bouillon. Vérifier avec une petite cuiller sur une assiette : si la confiture se fige, c'est tout bon !
- Mettre dans les pots en répartissant la gousse de vanille. Fermer hermétiquement et retourner sur un linge.
- Mettre à l'abri de la lumière dans un endroit frais.

**L'astuce de Dame Nicole :** pour les noix, plongez les cerneaux un court instant dans l'eau bouillante ; la peau se retirera plus facilement.
Pour peler facilement les châtaignes, il ne faut pas qu'elles refroidissent, sinon la deuxième peau est plus difficile à enlever. Aussi, faites les bouillir en petites quantités.

# LES COINGS, L'OR DE L'AUTOMNE EN POTS

Les pâtes de coings étaient très appréciées de Jeanne d'Arc et de François Ier.
Don Quichotte suggère à son fidèle Sancho Pança de consommer du coing pour soulager ses problèmes de digestion.

## Confiture de coings de « Servane »

1 kg de coings
850 g de sucre cristallisé
le jus d'un petit citron
1 gousse de vanille fendue en deux

- Essuyer les coings avec un linge afin d'ôter le duvet qui les recouvre. Les rincer à l'eau fraîche et les éplucher. Les couper en huit quartiers, enlever les pépins et le cœur.
- Pour faire un jus de coing, faire cuire les épluchures et les pépins additionnés d'eau et de sucre jusqu'à obtention d'un sirop.
- Dans un faitout, mélanger les coings avec le sucre, le jus de citron, le jus de coing et la gousse de vanille.
- Porter à ébullition, maintenir la cuisson à feu doux pendant 10 min environ. Les coings doivent être tendres.
- Mixer la confiture.
- Redonner un bon coup de bouillon en remuant doucement. Écumer. Maintenir la cuisson à feu vif pendant 5 min en remuant. Vérifier la consistance de la confiture avant de stopper la cuisson.
- Verser aussitôt dans des pots préalablement ébouillantés et séchés. Fermer hermétiquement et retourner les pots sur un linge.

**L'astuce de Dame Nicole :** dans son traité de confitures, Nostradamus ajoute deux clous de girofle, une pincée de cannelle, une pointe de cardamome et « un trait de fantôme de Dame Nicole » !!!

# Pâte de coings « Sophie Jacques »

1 kg de coings
500 g de sucre
1 cuillerée à soupe d'huile
150 g de sucre cristallisé

- Rincer les fruits, les essuyer en les frottant avec un linge rêche. Les couper en gros morceaux, les mettre dans une bassine à confitures et les couvrir d'eau.
- Faire cuire pendant 15 min jusqu'à ce que les coings soient tendres. Les égoutter dans un tamis et réserver le jus.
- Retirer les peaux, les pépins et les cœurs des fruits. Les réserver.
- Passer cette préparation au moulin à légumes équipé d'une grille fine.
- Peser la purée et compter son poids en sucre.
- Dans une casserole à fond épais, verser la purée de coings et le sucre en poudre. Porter à ébullition sur feux doux tout en remuant. Puis faire cuire à feu vif, jusqu'à épaississement, toujours en remuant avec une cuillère en bois.
- Verser 2 cm d'épaisseur de cette préparation dans un moule rectangulaire de 3 cm de hauteur chemisé d'un papier sulfurisé.
- Laisser refroidir pendant 12 h.
- Retourner la pâte obtenue sur une grille.
- Retirer le papier sulfurisé et laisser sécher de nouveau pendant 12 h.
- Découper les cubes de 3 cm de côté et les sucrer sur toutes les faces.
- Mettre dans une boîte hermétique, et la cacher… avant de succomber, Sophie !

# LA POMME, LA DÉESSE DES FRUITS !

« Chaque soir, mange une pomme et ses pépins, et tu dormiras comme un saint. »

Le Kazakhstan se revendique comme le pays d'origine de la pomme. Elle est arrivée par la route de la Soie chez les Arabes, les Grecs et les Romains.

## Confiture de pommes et noix « Véronique Denis »

1 kg de pommes
200 g de noix
550 g de sucre
le jus d'un citron
1 pointe de cannelle moulue
100 g de gelée de pommes

La veille

- Peler les pommes, les vider et les couper en huit quartiers.
- Ôter la peau des cerneaux de noix et les briser en petits morceaux.
- Dans une bassine à confitures, mélanger les pommes, le sucre, le jus de citron et 7 cl d'eau. Porter cette préparation à frémissements. La verser dans un saladier.

Le lendemain

- Recommencer cette opération, faire cuire à feu vif en ajoutant la gelée de pommes et la cannelle.
- Maintenir la cuisson à feu vif en remuant délicatement pendant environ 15 min. Écumer s'il y a lieu.
- Ajouter les noix fraîches. Redonner un bouillon.
- Vérifier la cuisson en mettant un peu de confiture sur une assiette froide ; si elle se fige, c'est bon !
- Mettre immédiatement dans des pots préalablement ébouillantés et séchés.
- Retourner les pots sur un linge.

La pomme est riche en vitamines C, B1, B2, PP, B5, B6, B9 et E. Elle contient également du potassium et elle est peu calorique. Manger des pommes aurait un effet favorable sur la fonction respiratoire ainsi que sur l'asthme.

SEMAINE 44

**Le saviez-vous ?**

- Le mot « pommade » vient de « pomme ».
- La personne qui cultive des pommes se nomme un pomiculteur.

Le nom « pomme » vient du latin populaire *poma*, qui signifie « fruit ». Ce nom a remplacé l'ancienne appellation latine *malum*, signifiant « mal », « mauvais », en référence aux mythes qui entourent la pomme, faisant de ce fruit le symbole de la débauche.

# Chutney aux pommes et fruits d'automne

550 g de pommes à cuire épluchées
250 g de poires épluchées, évidées et coupées en morceaux
3 oignons
1 gousse d'ail hachée
125 g de raisins secs
50 cl de vinaigre de cidre
220 g de cassonade brune
1 cuillerée à café de gingembre en poudre
1 cuillerée à café de cannelle
1 cuillerée à café de curcuma en poudre
12 g de sel

- Faire mijoter 20 min après ébullition les fruits, les oignons, l'ail, les raisins secs et le vinaigre pour que les pommes et les poires soient cuites tout en gardant leur forme.
- Ajouter les épices, le sel et le sucre. Remuer.
- Laisser mijoter de 30 à 50 min à feu très doux afin d'obtenir un chutney épais. Après évaporation d'une bonne partie du liquide, surveiller.
- Mettre dans des pots préalablement ébouillantés et séchés.
- Fermer hermétiquement.
- Mettre dans un endroit frais.

# FRUITS ET CHAMPIGNONS SÉCHÉS

**Le saviez-vous ?**

Au Canada, la moitié des pommes consommées appartiennent à la variété McIntosh. On estime à plus de 3 millions le nombre de pommiers de cette variété cultivés en Amérique du Nord. Tous ces arbres sont issus d'un seul spécimen : le pommier de John McIntosh, immigrant écossais de Prescott, en Ontario.

## Pommes séchées

*L'encas idéal, sans prendre un gramme !*

1,5 kg de pommes
le jus de deux citrons

- Laver les pommes et les essuyer. Les évider avec un vide-pommes et les couper en rondelles de 5 mm d'épaisseur.
- Dans un saladier, mettre les rondelles à fur et à mesure et les citronner afin qu'elles ne noircissent pas. Les égoutter sur un papier absorbant.
- Les suspendre sur un fil dans un endroit sec et ventilé. Les recouvrir d'une mousseline.
- Laisser sécher 3 semaines jusqu'à ce que les fruits soient bien durs. Vous pouvez les faire sécher 3 h dans le four à très basse température.
- Ranger les pommes séchées dans une boîte hermétique en fer, à l'abri de la lumière. Elles se conserveront pendant une année.

Le pleurote pousse sur les bois morts ou sur les troncs de feuillus, comme le chêne ou le charme. Il est aussi appelé « oreilles-de-chardon ».

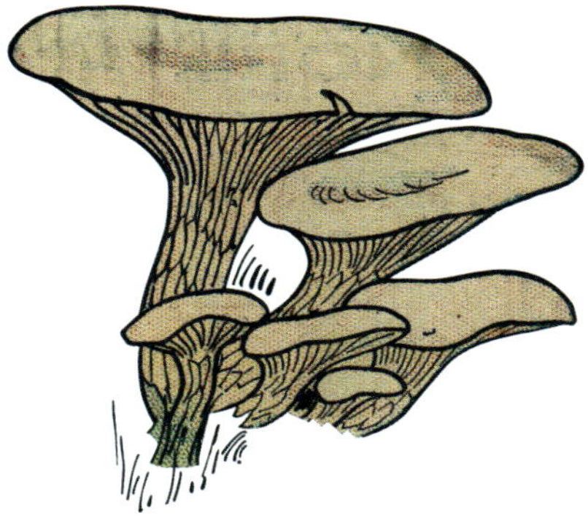

# Pleurotes séchés

1 kg de pleurotes

- Nettoyer les champignons frais délicatement avec du papier absorbant humide.
- S'ils sont sableux, les plonger dans l'eau froide en les remuant pour libérer le sable.
- Le séchage peut se faire au soleil ou au vent, à l'air libre, si les conditions climatiques le permettent. Penser toujours à protéger les aliments à l'aide d'une moustiquaire à cause des insectes.
- Le séchage peut aussi se faire aussi dans un four ménager à 60 °C (th. 2), porte ouverte, pendant 20 min sur la tôle du four.
- Faire une dessiccation à basse température qui permet de conserver les aliments sans les appauvrir. Si vous optez pour un déshydrateur, prenez de préférence un modèle chauffant le moins possible. En effet, certains nutriments sont très sensibles à la chaleur : la vitamine C est généralement détruite entre 60 et 75 °C et les enzymes dès 40 °C.
- Après séchage, les fruits se conservent dans un bocal hermétique à l'abri de l'humidité et de la lumière.
- Une autre technique très facile et pas coûteuse : une fois que les pleurotes sont nettoyés, les enfiler dans une branche de bambou assez espacés ; ils ne doivent pas se toucher. Protéger par une moustiquaire.
- Attendre 15 jours environ. Le séchage se voit au toucher.

**Réhydrater les champignons :**
placer les champignons séchés dans un saladier rempli d'eau chaude. Les laisser tremper un peu. Les retirer du liquide à l'aide d'une écumoire.

# VIEUX REMÈDES

## Le vinaigre, ça pique !

### La corporation des vinaigriers

Henri IV ordonna que la profession de vinaigrier-moutardier fût « métier juré en la ville et ses faubourgs », d'où la mise au point de procédés de fabrications soigneusement élaborés. Orléans est la capitale du vinaigre.

### Histoire vraie

Pendant la peste de Marseille en 1726, quatre voleurs pillent les maisons des pestiférés. Pour se prémunir du fléau, ils confectionnaient un vinaigre qu'ils consommaient quotidiennement. En échange de leur vie, ils livreront la recette.

L'histoire raconte qu'ils furent tout de même pendus, mais le vinaigre fut utilisé et sauva beaucoup de personnes au cours des grandes épidémies. Je vous le recommande vivement, je le fais depuis des années, c'est mon antibiotique !

### Le saviez-vous ?

Pris au coucher, le vinaigre agit comme un calmant léger contre la nervosité.

## Vinaigre des quatre voleurs

*L'histoire de quatre filous*

- 1 l de vinaigre
- 1 l de vin blanc ou de cidre
- 6 gousses d'ail
- 12 clous de girofle
- 1 morceau de noix de muscade
- 3 branches de menthe
- 3 g de poudre de girofle
- 3 gousses d'ail
- un peu de sauge
- un peu de romarin
- un peu de cannelle
- un peu de noix de muscade râpée
- 5 g de camphre (chez le pharmacien)

- Porter rapidement le vinaigre à ébullition et le laisser frémir pendant 30 s, puis le retirer du feu.
- Déposer dans un bocal ou une bouteille tous les ingrédients cités.
- Verser le vinaigre encore chaud, puis boucher.
- Laisser macérer 2 semaines. Remuer de temps en temps, afin de mêler les saveurs.
- Filtrer et mettre en bouteille. Bien boucher.
- Vous pouvez ajouter 20 g d'acide citrique.

# Le quinquina, le meilleur des antigrippaux

SEMAINE 46

## Vin de quinquina

1,5 l de vin rouge Banyuls
20 cl d'eau-de-vie
200 g de sucre
le jus d'une orange et d'un citron non traités
quelques zestes d'orange et de citron
8 g d'écorces de quinquina
1 gousse de vanille fendue en deux

- Dans un bocal en verre, verser 1,5 l de vin rouge, 20 cl d'eau-de-vie, le sucre, le jus d'une orange, le jus d'un citron, quelques zestes, les écorces de quinquina et la gousse de vanille.
- Mélanger tous les ingrédients, puis laisser macérer pendant 1 mois. Remuer de temps en temps.
- Filtrer puis mettre en bouteilles.

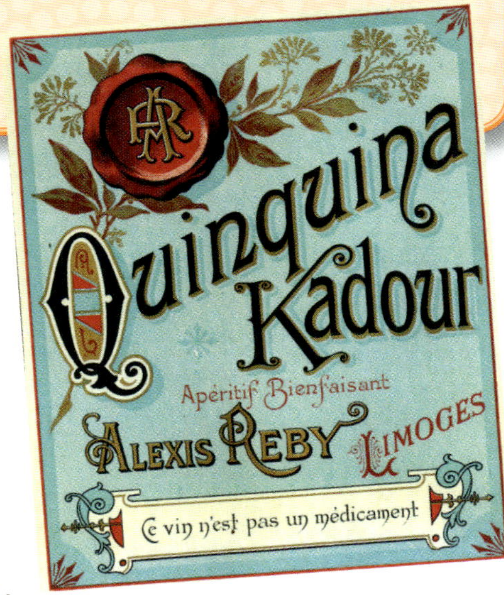


La quinine est analgésique, apéritive, astringente, bactéricide, cardio-régulatrice, fébrifuge, tonique.

**Le saviez-vous ?**

Le quinquina est à l'origine de l'homéopathie. C'est Samuel Hahnemann qui découvrit son principe.

Carl von Linné (1707-1778), naturaliste suédois, donnera le nom de *cinchona*, « quinine », en souvenir de la comtesse El Cinchon, épouse du vice-roi du Pérou, guérie grâce à cette drogue. En France, Louis XIV l'utilisa et la propagea dès 1676.

# MARRONS ET CHÂTAIGNES, L'ÉNERGIE PURE

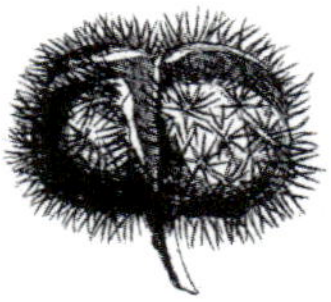

## Confiture de châtaignes à la vanille de mon fils Charles

1,2 kg de châtaignes
1 kg de sucre
1 gousse de vanille

**La veille**

- Inciser profondément les châtaignes avec la pointe d'un couteau une à une afin d'entailler les deux peaux. Les plonger dans l'eau bouillante pendant 3 min. Retirer l'écorce de la seconde peau.
- Dans un faitout, mélanger les châtaignes, le sucre, 40 cl d'eau et la gousse de vanille fendue dans la longueur.
- Porter à ébullition pendant 15 min environ en remuant délicatement. Les châtaignes doivent être moelleuses.
- Mettre dans un saladier et couvrir d'un linge. Laisser reposer au frais pendant la nuit.

**Le lendemain**

- Reverser dans le faitout et porter à ébullition en remuant délicatement. Écumer si nécessaire.
- Enlever la gousse de vanille et mixer les châtaignes.
- Maintenir la cuisson à feu doux environ 10 à 15 min en remuant sans cesse. Retirer la gousse de vanille et répartir dans des pots.
- Redonner un bon coup de bouillon. Vérifier la cuisson de la confiture.
- Verser immédiatement la confiture dans des pots préalablement ébouillantés et séchés. Fermer hermétiquement.

En Amérique du Nord, les feuilles de châtaignier sont préconisées comme sédatif de la toux, dans les cas de bronchite et surtout de coqueluche. Si j'avais su, j'en aurais fait des décoctions !

Si l'on en croit un poète italien du 16e siècle, le nom botanique du châtaignier viendrait de celui de la chaste Néa (*casta Nea*), nymphe de Diane, que Jupiter poursuivait de ses assiduités et qui fut victime de cette passion un jour qu'elle s'était, par malheur, éloignée de ses compagnes. De désespoir, Néa se tua et Jupiter la transforma en châtaignier. Ah ! l'amour…

# Marrons au cognac « Alain Gapihan »

**Pour un bocal de 1 l**

1,6 kg de marrons
1 gousse de vanille fendue en deux
470 g de sucre cassonade
25 cl de cognac ou d'armagnac

La veille

- Sur la partie renflée du marron, faire une entaille en croix avec un couteau fin de cuisine.
- Mettre les marrons au four pendant 20 min à 180 °C (th. 6).
- Laisser tiédir, puis retirer l'écorce, la pellicule brune.
- Faire un sirop : dans une grande casserole, verser 1 l d'eau, ajouter le sucre et faire chauffer doucement afin qu'il fonde.
- Mettre les marrons et la gousse de vanille dans la bassine et porter à ébullition. Retirer du feu et laisser refroidir dans un saladier.
- Laisser macérer pendant 12 h. Couvrir le saladier avec un papier sulfurisé.

Le lendemain

- Remettre les marrons dans la bassine et redonner un bon coup de bouillon.
- Retirer les marrons du sirop à l'aide d'une écumoire avec précaution et les mettre dans le bocal. Arroser avec l'alcool de votre choix et recouvrir de sirop. Fermer le bocal hermétiquement.
- Stériliser dans une bassine d'eau. Porter à ébullition et laisser cuire pendant 50 min à petits bouillons. Laisser refroidir. Entreposer dans un endroit à l'abri de la lumière. Alain, attention ! on ne goûte pas avant Noël !

# ORANGES

« La terre est bleue
comme une orange. »
Paul Éluard, *L'Amour, la poésie*, 1929

## Liqueur d'oranges de « Constant Demais »

*Reflets dans une liqueur d'or*

**Pour 1 l de liqueur**
6 grosses oranges non traitées
50 cl d'alcool blanc 45° ou à 90°
50 cl de lait frais
250 g de sucre semoule

- Mettre tous les ingrédients dans un bocal fermé.
- Exposer le bocal au soleil et laisser macérer le mélange pendant 15 jours en remuant chaque jour.
- Au bout de ce temps, passer d'abord au chinois. Récupérer le jus et filtrer à nouveau ce jus dans un filtre à café, ou encore mieux dans un filtre à vin (c'est long à passer, mais c'est bien).
- Ne pas s'affoler : au départ, le mélange semble bizarre ; vous en sortirez une liqueur dorée, unique.

**L'astuce de Dame Nicole :** lorsque les liqueurs ne sont pas claires, il faut les passer au filtre à café ou au travers d'une « chausse » : c'est une espèce d'entonnoir conique en feutre (le fabriquer, c'est facile).

La culture de l'orange en bacs est un symbole de pouvoir pour les aristocrates, qui lui dédiaient des bâtiments spécialisés : les orangeries.

### Le saviez-vous ?

Pour éviter l'empoisonnement, très à la mode au 18e siècle, on s'est mis à trinquer pour échanger une goutte de liquide de chaque verre en les entrechoquant. À la vôtre !

Les navigateurs portugais découvrirent l'orange douce en Chine, et la rapportèrent en Europe. Son succès évincera l'orange amère.

L'orange est riche en vitamines A, C, E, B1, B2, B3, B5, B6, B9, B12, K. Elle contient du potassium, du calcium, du phosphore, du magnésium, du fer, du zinc, du cuivre et du sodium.

# Écorces d'oranges confites

## *Le petit Jésus en écorces de velours*

**Pour 2 bocaux**
2 kg d'oranges non traitées
1 kg de sucre en morceaux
1 citron jaune non traité

- Tracer des quartiers comme des losanges (style calissons) sur les oranges non pelées. Retirer très soigneusement les écorces tracées à l'aide d'un couteau pointu.
- Faire chauffer de l'eau et plonger les écorces d'orange dans de l'eau bouillante. Faire cuire pendant 10 min environ puis les passer sous l'eau froide en les égouttant soigneusement.
- Verser 50 cl d'eau dans une casserole émaillée, ajouter les morceaux de sucre et porter à ébullition. Faire bouillir le sirop obtenu pendant 1 min. Y plonger les écorces d'oranges et faire cuire pendant 5 min. Retirer la casserole du feu. Laisser refroidir la préparation jusqu'au lendemain.
- Répéter l'opération pendant 4 à 7 jours : faire cuire les écorces d'oranges pendant 5 min dans le sirop, qui va devenir de plus en plus concentré tout au long de cette cuisson.
- Après 5 à 7 jours, retirer les écorces d'orange avec une écumoire. Les déposer sur une grille, les laisser sécher ainsi pendant 12 h au sec et à l'air.
- Lorsqu'elles ne collent plus à la grille, les mettre dans une boîte en fer qui ferme hermétiquement.

**L'astuce de Dame Nicole :** piquez les écorces avec une aiguille fine pour que le sucre imprègne les oranges.

# AMANDES

« Si tu m'donn's une amande,
j'te donne un baiser fripon »
Georges Brassens

Il y a plus de trois mille ans, l'amandier était déjà apprécié des Égyptiens pour ses propriétés cosmétiques.

**Le saviez-vous ?**

L'amandier, de même que son fruit, a de tout temps été associé à la fertilité. Ce sont les Romains qui auraient institué la coutume de lancer des amandes aux jeunes mariés, pour favoriser une abondante progéniture.

## Sirop d'orgeat, boisson des anges

500 g d'amandes douces mondées
100 g d'amandes amères
2 kg de sucre environ
100 g de poudre d'amandes
1 cuillerée à soupe d'eau de fleur d'oranger

La veille

- Piler ou hacher finement les deux variétés d'amandes avec un peu d'eau et un peu de sucre.
- Dans une casserole, faire bouillir 2 l d'eau avec 450 g de sucre, la poudre d'amandes et les amandes. Arrêter dès les premiers bouillons, mélanger et laisser macérer pendant la nuit.

Le lendemain

- Mettre la casserole sur le feu, faire bouillir pendant 1 min environ.
- Filtrer à l'aide d'un linge ou d'un bas en pressant bien fort.
- Peser et ajouter 750 g de sucre semoule pour environ 550 g de jus. Bien mélanger. Renverser cette préparation dans une casserole, remettre sur le feu et porter à ébullition en laissant bouillir pendant 3 à 4 min.
- Retirer du feu et ajouter l'eau de fleur d'oranger.
- Laisser refroidir le sirop.
- Ébouillanter les bouteilles. Les remplir avec le sirop et fermer hermétiquement. Ranger à la cave.

**L'astuce de Dame Nicole :** vous pouvez remplacer les amandes amères par de l'extrait d'amande amère (5 cl).

L'amande est un puissant antioxydant. En mangeant quelques amandes par jour, on augmente ses défenses contre les antiradicaux libres et on diminue le stress oxydatif que provoque notamment la fumée de tabac. L'amande enraye rapidement la sensation de la faim et réduit le taux de mauvais cholestérol. Elle est excellente pour la santé cardio-vasculaire. Elle contribue à prévenir l'ostéoporose.

### Le saviez-vous ?

L'amandier a inspiré une jolie légende grecque : de désespoir d'avoir été abandonné par Démophon, fils de Thésée, parti en guerre, Phyllies se donna la mort et fut changée en amandier. Lorsque l'infidèle, poussé par le regret, vint en pleurant enlacer l'arbre, les feuilles et les fleurs de l'amandier s'épanouirent…

La pâte d'amande amère remplace le savon dans l'eczéma des mains. Elle est renommée pour faire disparaître les tâches de rousseur.

### En décoction

50 coques bouillies 20 min dans 1 l d'eau. Boire au cours de la journée. Contre la toux ou en tisane avec une petite cuillerée à soupe de feuilles d'amandier.

# LE KIWI, LA « GROSEILLE DE CHINE »

« Quand les Avents de Noël sont fleuris, il y aura abondance de fruits ! »

La peau duveteuse du kiwi doit être brun clair et ses extrémités souples sous le doigt.

Le kiwi est originaire du sud-est de la Chine. À la fin du 19e siècle, des plants sont importés en Europe, sans qu'on s'intéresse encore à leurs fruits, puis aux États-Unis en 1904.

## Kiwi à la vodka et à la mandarine de « Marie-Christine G. »

- 10 kiwis
- 2 mandarines
- 250 g de sucre
- 1 bâton de cannelle
- 3 clous de girofle
- 3 baies de genièvre
- 55 cl de vodka

- Dans une casserole, préparer un sirop avec 15 cl d'eau et le sucre. Faire chauffer à feu doux. Ajouter la cannelle coupée en deux, les clous de girofle, les baies de genièvre. Porter à ébullition pendant 3 min.
- Laisser refroidir.
- Peler les kiwis, les couper en rondelles de 5 mm d'épaisseur.
- Peler et couper les mandarines en tranches comme pour une salade de fruits.
- Remplir des bocaux, préalablement ébouillantés et séchés, de kiwis et de mandarines jusqu'au bord, en répartissant bien les épices.
- Filtrer le sirop épicé, ajouter la vodka, verser ce mélange sur les fruits et les garder dans un endroit frais à l'abri de la lumière.

# Conserve de kiwi au rhum et aux zestes de citron

1 l de rhum blanc
10 kiwis
le jus d'un citron
150 g de sucre
zestes de citron

- Peler les kiwis, les mettre dans un saladier et ajouter le jus de citron.
- Dans des bocaux préalablement ébouillantés et séchés, mettre les kiwis en intercalant quelques zestes de citron.
- Dans une casserole, faire un sirop avec 15 cl d'eau et le sucre. Lorsqu'il est transparent et de consistance sirupeuse, ajouter le rhum. Laisser tiédir et verser sur les fruits dans les bocaux.
- Fermer le bocal hermétiquement. Laisser reposer pendant 1 mois à l'abri de la lumière dans un endroit frais.

**L'astuce de Dame Nicole :** vous pouvez panacher avec des clémentines ou des mandarines et des graines de sésame grillées au four.

La « groseille de Chine » apparaît en Nouvelle-Zélande vers 1906. Alexander Allison plante chez lui des graines apportées par Isabel Fraser. Les plants portent leurs premiers fruits en 1910. C'est sous le nom de « kiwi » (sa peau rappelant celle de l'oiseau du même nom, emblème du pays) que sa commercialisation s'intensifie à partir de 1974.

Le kiwi est un fruit à haute densité nutritionnelle. Il contient davantage de vitamine C que l'orange. Il est riche en potassium, magnésium, fer, cuivre, zinc, phosphore et fibres. Il fait partie des fruits ayant les propriétés antioxydantes les plus élevées.

**Le saviez-vous ?**

Chez le kiwi, les fleurs de plants mâles ne produisent que le pollen et celles des plants femelles produisent des fruits.

HIVER

# TERRINES DE FÊTES

**Le saviez-vous ?**

Deux régions françaises, le Sud-Ouest et l'Alsace, se disputent la paternité du foie gras. L'origine de ce mets de fête est, en réalité, très ancienne.

**Légende**
À Noël, les bêtes ont le pouvoir de parler, entre minuit et midi, mais il faut prendre garde à ne pas les écouter, elles révéleraient le destin du curieux…

Souvenir

Que serait Noël sans ses rites ? L'orange de Noël est un souvenir de nos aïeuls ou de l'entre-deux-guerres. C'est aussi un symbole très fort des oranges comme cadeau pour les enfants, au pied du sapin, chez les modestes ouvriers ou paysans. Au moment de Noël, entourer les noix entières de papier doré fin ; c'est du plus joli effet.

# Foie gras maison de mon restaurant « Le Ti-Coz »

## *Le bijou du Périgord !*

2 foies gras de canard très froids (1 kg)
1 pincée de noix de muscade fraîchement râpée
15 cl de porto
5 cl d'armagnac
18 g de sel fin
5 g de poivre blanc en poudre

- Ôter la membrane externe des foies gras puis, à l'aide d'un couteau à large lame, couper chacun d'eux horizontalement en trois tranches. Ils doivent impérativement être très froids pour que les nerfs et les veines à retirer soient bien visibles, cela permet d'éviter de casser les lobes.
- Ramener le foie gras à température ambiante, afin de retirer soigneusement les veines, les nerfs, à l'aide d'une pique en bois. Certes, c'est fastidieux mais simple et important ; cela permettra d'obtenir une surface homogène.
- Assaisonner les foies avec le sel, le poivre, la noix de muscade. Les placer en couches dans une terrine. Verser du porto et de l'armagnac sur chaque couche. Couvrir avec un film alimentaire. Mettre au réfrigérateur 5 ou 6 h.
- Préchauffer le four à 150 °C (th. 5). C'est la température de la cuisson qui est difficile à régler, et qui fait le foie gras réussi.
- Faire cuire la terrine au bain-marie 20 min sur une plaque à rôtir, placée à mi-hauteur du four. La terrine n'aura pas l'air cuite mais elle le sera. Pas d'inquiétude : la chaleur résiduelle finira de la cuire. Il faut bien tasser pour pouvoir ensuite couper de belles tranches.
- Assaisonner. La terrine se déguste froide, aussi elle perd un peu de son arôme.
- Retirer du four, poser sur la terrine une petite planche en bois recouverte de feuille d'aluminium.
- Mettre plusieurs poids de 50 g à 80 g ; cela permet de bien tasser les foies les uns contre les autres (mettre le plus petit poids au centre de la terrine). Laisser refroidir. Retirer les poids.
- Une terrine bien faite ne rend pas de graisse à la cuisson. Ne jamais mettre de sucre.

On le servira avec de la salade frisée… comme les cheveux du petit Jésus.

**L'astuce de Dame Nicole :** la température de cuisson est primordiale, voire cruciale. Une cuisson trop longue, une température trop élevée donnent une mare de graisse et diminuent la terrine. Tout le secret est là !

# DOUCEURS DE NOËL

## Le kumquat, l'« orange d'or »

### Kumquats au whisky

900 g de kumquats
320 g de sucre
25 cl de jus d'orange pur
1 cuillerée à café de cannelle en poudre
un peu de noix de muscade
1 sachet de sucre vanillé
75 cl de whisky
1 gousse de vanille fendue en deux dans le sens de la longueur

- Laver les kumquats avec de l'eau tiède et les essuyer immédiatement. Les piquer avec un cure-dents en bois plusieurs fois.
- Dans une casserole, faire le sirop avec le sucre, 10 cl d'eau, le jus d'orange, la cannelle, la noix de muscade et le sucre vanillé. Porter à ébullition et laisser frémir pendant environ 4 à 5 min.
- Mettre les kumquats dans le sirop-jus et faire cuire pendant 5 à 8 min à petits bouillons.
- Filtrer le sirop dans une passoire et le remettre dans la casserole avec les fruits, afin de le faire réduire de moitié à feu vif. Surveiller.
- Laisser refroidir et verser les fruits avec le sirop dans des bocaux préalablement ébouillantés et séchés. Ajouter la gousse de vanille fendue en deux et le whisky, qui doit recouvrir les fruits.
- Laisser reposer pendant 4 semaines environ.
- Conserver pendant 6 à 8 mois.

**L'astuce de Dame Nicole :** faites une purée de kumquats, étalez-la sur une tranche de pain d'épice et dégustez avec le foie gras. Un délice ! Faites une confiture aux kumquats avec de la mangue parfumée au muscat de Rivesaltes, vous en apprécierez la subtilité.

# Le nougat, un velouté de douceurs miellées

Parmi les treize desserts de la tradition méridionale de Noël, l'on retrouve le nougat blanc et le nougat noir. Ils sont considérés comme deux desserts différents.

## Nougat de Montélimar « Pour mon Toinou »

**Pour 1 kg**

420 g de sucre en poudre
115 g de miel liquide
1 cuillerée à soupe de glucose (en pharmacie)
1 blanc d'œuf et demi
55 g de cerises confites
55 g de pistaches
30 g d'amandes effilées
30 g d'amandes hachées

- Acheter des amandes mondées.
- Dans une casserole, faire dissoudre le sucre avec un peu d'eau puis porter rapidement à ébullition.
- Faire bouillir le sirop jusqu'à 107 °C.
- L'eau se sera alors évaporée et le sirop aura commencé à épaissir. Il doit être collant, mais pas caramélisé.
- Ajouter le miel et le glucose. Continuer l'ébullition jusqu'à 135 °C.
- Monter les blancs en neige bien ferme, puis les incorporer au sirop hors du feu, petite cuillerée par cuillerée, sans cesser de fouetter avec un batteur électrique à vitesse maximale.
- Faire chauffer les fruits. Les ajouter au mélange.
- Mettre sur un moule carré de 2,5 cm de hauteur du papier sulfurisé, ou bien huiler.
- Verser le nougat, le lisser avec une spatule et le couvrir avec un autre papier sulfurisé. Poser un objet plat (une planche en bois) sur toute la surface pour le presser.
- Le laisser refroidir toute la nuit.
- Découper en carrés de façon régulière avec un couteau fin.

# LES CONFITURES, PLAISIRS D'ENFANCE

Ah ! la joie d'observer les yeux
d'envies gourmandes
des enfants, petits et grands,
en regardant avec convoitise
les belles étagères du placard
où Grand-Mère conserve
ses trésors avec harmonie.

MAGASIN DES DEUX PASSAGES
MAISON C.SALVA
E.DESCUDET, ROUX & STUARDI Jne Succrs

Confiture
F.A.

GROSEILLES
N°1

GRANDE CORDONNERIE
DU LOUVRE
148, rue de Rivoli, 148
POUR FAIRE DE BONNE CONFITURE QUE FAUT-IL ?

# MES RECETTES DE CONSERVES

# MES RECETTES DE BOCAUX

# MES RECETTES DE CONFITURES

# CRÉDITS ICONOGRAPHIQUES

AKG : 57hd, 99md

Baume Françoise : 6

Bibliothèque Municipale de Rennes : Couverture (bd), 4e de couverture (d), 12hg, 14bg, 20mg, 20bg, 25bd, 26mg, 32bg, 40hg, 57hm, 57m, 58hd, 61hm, 64hg, 64bg, 68bg, 69bg, 74bg, 74bm, 78hg, 79mg, 80bg, 80hd, 84bg, 85hm, 96mg, 102bg, 103bd, 106mg, 110hg, 110m, 115hd

Cartopole de Baud : 88hd, 100m

Esnault Christophe : Couverture (orange), 4e de couverture (h et b), 10bg, 12hd, 14bg, 21bg, 27hm, 33hd, 58mg, 58hm, 59md, 60mg, 61m, 61bm, 68hm, 71hm, 73hg, 74hd, 75mg, 75bg, 78m, 84bd, 85hd, 86hd, 86bd, 87hm, 93bd, 95h, 110hm, 113hd, 117hg, 137b

Fotolia : 14bd, 16hg, 17bd, 18mg, 20bm, 23bg, 24hd, 26bd, 33hg, 33m, 41bd, 42bd, 44hd, 46bd, 48bg, 58bd, 60bd, 64bd, 65bd, 66bg, 66bd, 70bd, 72bd, 75bd, 76bg, 77bd, 79bg, 81hd, 82bg, 83bd, 85bg, 87bd, 88bg, 92bg, 93bg, 94hd, 94md, 95bd, 97hg, 98hg, 99mg, 101bd, 102hd, 103hg, 105bd, 106bg, 107bg, 110bg, 111md, 112bd, 114mg, 114bd, 116hd, 122hd, 123hd

Galéron Bernard : 45m

Gamma Rapho : 10d

Herznog Lise : 12md, 12bd, 15mg, 36md, 47md

Iconotec : 17m, 32hg, 52md, 66hd, 67hm, 67bd, 80bd, 116mg, 116bg

Kharbine-Tapabor : Couverture (raisins et bouteilles) et 4 de couverture (raisins), 7, 8, 9, 13hd, 13bg, 15hd, 16b, 17hg, 18bg, 19hg, 19hd, 20hd, 21hd, 22hg, 22bd, 23hg, 23md, 24hd, 24bg, 25hg, 26hd, 27bg, 28mg, 28hm, 29hg, 30hd, 31bg, 35, 36hd, 38m, 38bg, 39bd, 40bd, 41hd, 42hd, 42md1, 44hg, 46hd, 47bg, 49md, 50hg, 51bg, 52hd, 54hd, 55bg, 57bd, 59hg, 60hd, 61bd, 63, 64hd, 65hg, 66hg, 68mg, 68bd, 69md, 70hg, 70hd, 72hd, 72bg, 73mg, 77hd, 78b, 83bg, 84hg, 84hd, 85hg, 86md, 87bg, 89bd, 91, 92hd, 92mg, 97md, 100bg, 103bg, 109bg, 109md, 110hd, 111bg, 112hd, 113hg, 113bg, 114hd, 115hg, 115bg, 115bd, 117mg, 119, 120bg, 121hg, 122hg, 123hg, 123mg, 124bd, 125hg, 125hd, 125bg, 125bd, 133hg, 133md, 136hd, 139bg, 139bd

Le Corre Christian (Collection) : 12bg, 13bd, 14hg, 17bg, 21hg, 27hd, 29md, 31bd, 32hd, 36bg, 37hg, 37bg, 42mg, 43bg, 45bg, 45bd, 48hg, 48hd, 49bg, 50bd, 51bd, 52mg, 53hd, 53bd, 54hg, 55mg, 58md, 59bd, 67bg, 67hd, 74hg, 77hg, 96md, 98hd, 104hd, 105h, 106md, 107hg, 107hd, 108md, 109bm, 111h, 117bd, 120md, 120mg, 122bg, 124hg

Le Goaziou Marie : 44bg, 88mg

Le Merdy Patricia : Couverture (bocal droite), 59bg, 65bg, 100bd, 121bd

Longubardo Jean-Dominique : Couverture (bocal gauche), 46hg, 50hd, 50md, 50bg, 54bd, 71bg, 73bd, 80hg, 94hg, 94bm, 134bg

Mansion Dominique : 4e de couverture (g), 15hm, 15bd, 16md, 22hm, 23hd, 25bg, 28hd, 32mg, 37hd, 38bd, 39hd, 40bg, 49mg, 51hg, 52bg, 56hg, 56hd, 56md, 61hg, 68m, 69hg, 69hd, 71mg, 72hg, 74mg, 76hd, 78md, 81m, 82hg, 83hg, 86hg, 87hg, 93hg, 93m, 95md, 96hd, 98bg, 100h, 101hd, 104bd, 105mg, 105bg, 106hm, 106md, 108hg, 108bg, 110mg, 116bd, 138hd, 138bg

RMN : 18hg, 89bg, 135h

Roger-Viollet : 56bg

Rousseau Isabelle (Collection) : 30bd, 42md, 43hd, 43md, 47bm, 73md

Thépaut Nicole : 19bd, 28bg, 31hd, 41mb, 44bd, 49bd, 53bg, 120hg

Voy Marie-Brigitte : 21mg, 27bd, 32bd, 36bd, 38hd, 71bd, 80bd, 87bg, 92md, 96bg, 101md, 102hg, 105hm

Warmé Eloïse : 43bd

Je dédie ce livre à mon Lutin.

À mon goéland Voltaire dit « Cui-Cui »… qui cherche Candide !
qui vole dans les merveilleux nuages qui passent…
qui passent, les merveilleux nuages… énigmatiques…,
et revient vers moi, me raconter des histoires, qui me font rêver !

Je vis avec un goéland de 16 mois qui prend aussi bien l'ascenseur que sa douche avec moi. Ensuite brushing ! Nous voyageons par le train ou en voiture, il adore ! Il s'appelle Voltaire, dit « Cui-Cui » dans l'intimité. Cela a beaucoup amusé et occupé ma maman pendant les vacances – elle adore les oiseaux – dans sa maison près de la mer, où il fit ses premiers vols. Un jour, il s'est réfugié dans l'église de Plougasnou, qui était en réfection. Un vol majestueux accompagné d'une musique d'orgue sous la voûte de l'église. Un moment inoubliable. Voltaire, c'est mon prince ailé !
À la plage, il a sa serviette à côté de moi et nous nous baignons ensemble. Il s'envole, je l'appelle, il revient. Lorsque j'écris, il reste des heures sur mes genoux ! Je l'adore !


**Remerciements :**

À Servane Biguais toujours à l'écoute de ses auteurs. Grand merci de m'avoir aidée à mettre le pied à l'étrier avec compréhension et professionnalisme et surtout gentillesse.

# TABLE DES RECETTES


Agneau au curry « Alexandre » 46
Artichauts confits 42
Aubergines confites à l'huile 82
Betteraves rouges au vinaigre 26
Bocaux de blancs de volaille, jambon et foies 30
Bocaux de maquereaux 45
Cardons au coulis de tomates 18
Carottes au cumin safrané 13
Cerises à l'eau-de-vie « Charlotte et Marc M. » 65
Cerises au vinaigre 64
Chutney aux pommes et fruits d'automne 105
Chutney au potiron et à l'ananas 15
Chutney d'ananas aux raisins secs 14
Citrons confits au sel 33
Concombres marinés 67
Condiment au maïs doux 77
Confiture d'abricots au nougat et aux amandes 75
Confiture de carottes au citron vanillé 12
Confiture de châtaignes à la vanille de « mon fils Charles » 110
Confiture de coings de « Servane » 102
Confiture de fraises et de framboises de « Régis » 61
Confiture de mirabelles et de quetsches d'Alsace à la cannelle 85
Confiture de mûres et sureau « ma sœur Martine » 87
Confitures de noix et de châtaignes 101
Confiture de pommes et noix « Véronique Denis » 104
Confiture de rhubarbe « Véronique l'artiste » 59
Confiture de tomates vertes d'automne de « Béatrice P. » 94
Confiture de vieux garçon aux fruits rouges 93
Confiture d'oignons de Tréflaouénan 88
Conserves d'asperges à l'ancienne 43

Conserve de kiwi au rhum et aux zestes de citron 117
Cornichons au vinaigre 76
Coulis de tomates 72
Échalotes au vinaigre de « mon Pépé » 81
Écorces d'oranges confites 113
Endives au naturel 36
Épinards au naturel 37
Figues confites à l'eau-de-vie de « Nicolas » 79
Foie gras maison de mon restaurant « Le Ti-Coz » 121
Gelée de sureau noir « Marie de Sambucy » 95
Graines de capucine au vinaigre 80
Haricots verts au sel 66
Haricots verts au vinaigre 54
Harissa maison 23
Ketchup aux épices maison 73
Kiwi à la vodka et à la mandarine de « Marie-Christine G. » 116
Kumquats au whisky 122
Liqueur de cassis de « Jeanne et Pauline » 68
Liqueur de fraisettes de « Constance » 60
Liqueur de pêches 69
Liqueur d'oranges de « Constant Demais » 112
Marmelade de pruneaux au thé 21
Marrons au cognac « Alain Gapihan » 111
Mirabelles à l'eau-de-vie « Laurence et Maryse » 92
Navarin d'agneau en bocaux « Michel Burel » 47
Nougat de Montélimar « Pour mon Toinou » 123
Olives à la sicilienne de « Fabienne, Frédéric et Martin » 97
Pâte de coings « Sophie Jacques » 103
Pâte de curry rouge 22
Pâte de fruits à l'abricot « mon Lutin » 74
Petits chèvres marinés à l'huile 17
Petits oignons au vinaigre ambré 89
Petits pois au jus de laitue 55
Piccalilli aux oignons, céleri et cornichons 39
Pickles au chou-fleur et au céleri 51
Pleurotes à l'huile 16
Pleurotes séchés 107
Poires au sirop « Véronique Robine » 96
Poires au vin rouge, à la vanille et à la cannelle 97
Poivron et céleri conservés à l'huile d'olive 71

Pommes séchées 106
Pruneaux à l'armagnac 20
Raifort au vinaigre 41
Ratatouille 83
Rillettes de maquereaux « Famille J.-Pol Beauvais » 48
Reines-claudes à l'eau-de-vie 84
Remèdes de grand-mère à base de thym 25
Rillettes de sardines « Marie-Pierre Arzur-Dilasser » 49
Rutabagas au vinaigre 29
Sirop de fruits rouges de saison 57
Sirop de groseilles et de cerises au safran 56
Sirop de mûres « Marie de Guersaliou » 86
Sirop de rhubarbe « Charles de La Freslonnière » 58
Sirop d'orgeat, boisson des anges 114
Soupe de pot-au-feu de « Mémé Suzanne » 19
Tapenade marseillaise 99
Terrine aux deux poissons 44
Terrines de foies de volaille 31
Thon aux tomates anisées 52
Thon en saumure de « Léo » 53
Tomates séchées à l'huile 70
Vinaigre de citron 27
Vinaigre de thym « Joachim Domenech » 24
Vinaigre des quatre voleurs 108
Vinaigre doux à la sauge 26
Vin de quinquina 109

# TABLE DES MATIÈRES

9 **Préface**

10 **Avant-propos**

## Hiver

**Semaine 1**
12 **La carotte, cette discrète amie**
12 Confiture de carottes au citron vanillé
13 Carottes au cumin safrané

**Semaine 2**
14 **L'ananas, l'exotisme en aigre-doux**
14 Chutney d'ananas aux raisins secs
15 Chutney au potiron et à l'ananas

**Semaine 3**
16 **Pleurotes et chèvres à l'huile**
16 Pleurotes à l'huile
17 Petits chèvres marinés à l'huile

**Semaine 4**
18 **La conservation par stérilisation**
18 *Le cardon, un légume du Moyen Âge*
18 Cardons au coulis de tomates
19 *Le pot-au-feu, la tradition par excellence !*
19 Soupe de pot-au-feu de « Mémé Suzanne »

**Semaine 5**
20 **Les pruneaux, l'or noir d'Aquitaine**
20 Pruneaux à l'armagnac
21 Marmelade de pruneaux au thé

**Semaine 6**
22 **Piquantes pâtes condimentaires**
22 Pâte de curry rouge
23 Harissa maison

**Semaine 7**
24 **Vinaigre et thym en remède**
24 Vinaigre de thym « Joachim Domenech »
25 Remèdes de grand-mère à base de thym

**Semaine 8**
26 **Vinaigres aromatisés**
26 *La sauge, l'herbe sacrée !*
26 Vinaigre doux à la sauge
27 *Le citron, un allié pour l'hiver*
27 Vinaigre de citron

**Semaine 9**
28 **Conservation des légumes anciens**
28 *Le pouvoir de la betterave rouge*
28 Betteraves rouges au vinaigre
29 *Le rutabaga aux vertus médicinales*
29 Rutabagas au vinaigre

**Semaine 10**
30 **Bocaux de volaille**
30 Bocaux de blancs de volaille, jambon et foies
31 Terrines de foies de volaille

**Semaine 11**
32 **Citrons confits**
33 Citrons confits au sel

## Printemps

**Semaine 12**
36 **Conserves de légumes au naturel**
36 *Étonnante et créative, l'endive*
36 Endives au naturel
37 *L'épinard, sortez-le du placard*
37 Épinards au naturel

**Semaine 13**
38 **Piccalilli**
38 *Le céleri, persil des marais*
39 *L'oignon, le sel de la vie*
39 Piccalilli aux oignons, céleri et cornichons

**Semaine 14**
40 **Le raifort, un aphrodisiaque**
41 Raifort au vinaigre

## Semaine 15


42 **Légumes primeurs**
42 *Un cœur d'artichaut*
42 Artichauts confits
43 *L'asperge, un goût subtil*
43 Conserves d'asperges à l'ancienne


## Semaine 16


44 **Bocaux de poisson**
44 *Saumon et cabillaud à la chair délicate*
44 Terrine aux deux poissons
45 *Le maquereau, un poisson plein de ressources*
45 Bocaux de maquereaux


## Semaine 17


46 **Doux et pur, l'agneau qui naît !**
46 Agneau au curry « Alexandre »
47 Navarin d'agneau en bocaux « Michel Burel »


## Semaine 18


48 **Rillettes de poisson**
48 *Le maquereau, un* must *à conserver*
48 Rillettes de maquereaux « Famille J.-Pol Beauvais »
49 *La sardine, excellente contre le stress !*
49 Rillettes de sardines « Marie-Pierre Arzur-Dilasser »


## Semaine 19


50 **Les pickles, la cuisine indienne à la française !**
51 *Chou et chou-fleur, atouts minceur*
51 Pickles au chou-fleur et au céleri


## Semaine 20


52 **Le thon, c'est bon !**
52 Thon aux tomates anisées
53 Thon en saumure de « Léo »


## Semaine 21


54 **Légumes verts, un régal**
54 *Le haricot, c'est la taille fine des dames !*
54 Haricots verts au vinaigre
55 *Le petit pois, un trésor en cosse*
55 Petits pois au jus de laitue


## Semaine 22


56 **Sirops de fruits rouges**
56 *Le safran, un exhausteur de goût*
56 Sirop de groseilles et de cerises au safran
57 *Baies et fruits rouges*
57 Sirop de fruits rouges de saison


## Semaine 23


58 **La rhubarbe, du calcium en tige**
58 Sirop de rhubarbe « Charles de La Freslonnière »


## Semaine 24


60 **Fraises et framboises, douceurs du jardin**
60 Liqueur de fraisettes de « Constance »
61 Confiture de fraises et de framboises de « Régis »


# Été

## Semaine 25


64 **Le temps des cerises**
64 Cerises au vinaigre
65 Cerises à l'eau-de-vie « Charlotte et Marc M. »


## Semaine 26


66 **Conserves en saumure**
66 *Atout minceur, le haricot*
66 Haricots verts au sel
67 *Le concombre, un croquant légume*
67 Concombres marinés


## Semaine 27


68 **Liqueurs**
68 *Le cassis, l'élixir de vie !*
68 Liqueur de cassis de « Jeanne et Pauline »
69 *Pêchers de gourmandise*
69 Liqueur de pêches

**Semaine 28**
70 **Goûteux légumes du soleil**
70 *La tomate, du soleil en bocal*
70 Tomates séchées à l'huile
71 *Le poivron aux couleurs vives !*
71 Poivron et céleri conservés à l'huile d'olive

**Semaine 29**
72 **Tomates à toutes les sauces**
72 Coulis de tomates
73 Ketchup aux épices maison

**Semaine 30**
74 **Les abricots, gourmandises d'été**
74 Pâte de fruits à l'abricot « mon Lutin »
75 Confiture d'abricots au nougat et aux amandes

**Semaine 31**
76 **Condiments au vinaigre**
76 *Le cornichon, le caviar du pâté !*
76 Cornichons au vinaigre
77 *Le maïs, un vrai délice*
77 Condiment au maïs doux

**Semaine 32**
78 **La figue, la reine de l'énergie**
79 Figues confites à l'eau-de-vie de « Nicolas »

**Semaine 33**
80 **Capucine et échalotes au vinaigre**
80 *Capucine aux mille vertus*
80 Graines de capucine au vinaigre
81 *L'échalote, source de potassium*
81 Échalotes au vinaigre de « mon Pépé »

**Semaine 34**
82 **L'aubergine, une mine d'or !**
82 Aubergines confites à l'huile
83 *La ratatouille, l'emblème du Sud*
83 Ratatouille

**Semaine 35**
84 **Succulentes prunes**
84 Reines-claudes à l'eau-de-vie
85 Confiture de mirabelles et de quetsches d'Alsace à la cannelle

**Semaine 36**
86 **La mûre, la perle noire**
86 Sirop de mûres « Marie de Guersaliou »
87 Confiture de mûres et sureau « ma sœur Martine »

**Semaine 37**
88 **Oignons**
88 Confiture d'oignons de Tréflaouénan
89 Petits oignons au vinaigre ambré


## Automne


**Semaine 38**
92 **Fruits à l'alcool**
92 *La mirabelle, la reine des prunes*
92 Mirabelles à l'eau-de-vie « Laurence et Maryse »
93 *Des fruits rouges à l'alcool*
93 Confiture de vieux garçon aux fruits rouges

**Semaine 39**
94 **Confitures et gelées**
94 *La tomate verte, elle n'a pas osé rougir !*
94 Confiture de tomates vertes d'automne de « Béatrice P. »
95 *Le sureau, un concentré de champagne !*
95 Gelée de sureau noir « Marie de Sambucy »

**Semaine 40**
96 **Poires en bocaux**
96 Poires au sirop « Véronique Robine »
97 Poires au vin rouge, à la vanille et à la cannelle

Semaine 41
98 **L'olive, les saveurs du soleil**
98 Olives à la sicilienne de « Fabienne, Frédéric et Martin »
99 Tapenade marseillaise

Semaine 42
100 **Merveilleuses noix**
101 Confitures de noix et de châtaignes

Semaine 43
102 **Les coings, l'or de l'automne en pots**
102 Confiture de coings de « Servane »
103 Pâte de coings « Sophie Jacques »

Semaine 44
104 **La pomme, la déesse des fruits !**
104 Confiture de pommes et noix « Véronique Denis »
105 Chutney aux pommes et fruits d'automne

Semaine 45
106 **Fruits et champignons séchés**
106 Pommes séchées
107 Pleurotes séchés

Semaine 46
108 **Vieux remèdes**
108 *Le vinaigre, ça pique !*
108 Vinaigre des quatre voleurs
109 *Le quinquina, le meilleur des antigrippaux*
109 Vin de quinquina

Semaine 47
110 **Marrons et châtaignes, l'énergie pure**
110 Confiture de châtaignes à la vanille de « mon fils Charles »
111 Marrons au cognac « Alain Gapihan »

Semaine 48
112 **Oranges**
112 Liqueur d'oranges de « Constant Demais »
113 Écorces d'oranges confites

Semaine 49
114 **Amandes**
114 Sirop d'orgeat, boisson des anges

Semaine 50
116 **Le kiwi, la « groseille de Chine »**
116 Kiwi à la vodka et mandarine de « Marie-Christine G. »
117 Conserve de kiwi au rhum et aux zestes de citron

# Hiver

Semaine 51
120 **Terrines de fêtes**
121 Foie gras maison de mon restaurant « Le Ti-Coz »

Semaine 52
122 **Douceurs de Noël**
122 *Le kumquat, l'« orange d'or »*
122 Kumquats au whisky
123 *Le nougat, un velouté de douceurs miellées*
123 Nougat de Montélimar « Pour mon Toinou »

Conception graphique : Brigitte Racine
Mise en pages et photogravure : Graph&ti, Cesson-Sévigné (35)
Impression : Pollina, Luçon (85) - L65724


Édilarge SA, Rennes
ISBN 978-2-7373-6081-7
N° d'éditeur : 7185.01.08.10.13
Dépôt légal : octobre 2013
Retrouvez-nous sur www.editionsouestfrance.fr